TUDO COMEÇA NA ÚLTIMA ONDA

ALFREDO TANIMOTO

TUDO COMEÇA NA ÚLTIMA ONDA

OS 2% QUE BASTAM PARA RECOMEÇAR A SUA VIDA

São Paulo, 2024

Tudo começa na última onda: os 2% que bastam para recomeçar sua vida
Copyright © 2024 by Alfredo Tanimoto
Copyright © 2024 by Novo Século Ltda.

EDITOR: Luiz Vasconcelos
GERENTE EDITORIAL: Letícia Teófilo
EDIÇÃO E COORDENAÇÃO EDITORIAL: Driciele Souza
EDITORIAL: Érica Borges Correa, Mariana Paganini e Marianna Cortez
REVISÃO: Marina Montrezol
PROJETO GRÁFICO E DIAGRAMAÇÃO: Manoela Dourado
CAPA: Rayssa Sanches

Texto de acordo com as normas do Novo Acordo Ortográfico da Língua Portuguesa (1990), em vigor desde 1º de janeiro de 2009.

Dados Internacionais de Catalogação na Publicação (CIP)
Angélica Ilacqua CRB-8/7057

Tanimoto, Alfredo
    Tudo começa na última onda : os 2% que bastam para recomeçar a sua vida / Alfredo Tanimoto. -- São Paulo :
Novo Século, 2023.
    192 p.

ISBN 978-65-5561-694-1

1. Autoajuda 2. Surf – Estilo de vida 3. Surfistas – Memórias autobiográficas I. Título

23-6428   CDD 158.1

Índice para catálogo sistemático:
1. Autoajuda

Alameda Araguaia, 2190 – Bloco A – 11º andar – Conjunto 1111 CEP 06455-000 – Alphaville Industrial, Barueri – SP – Brasil
Tel.: (11) 3699-7107 | E-mail: atendimento@gruponovoseculo.com.br
www.gruponovoseculo.com.br

SUMÁRIO

Prólogo • 9
O surf • 11
O exército • 29
A paixão pelo impossível • 39
Japão • 51
A última onda • 69
Os anjos • 79
Reconstrução • 97
A volta para casa • 109
A oportunidade perfeita para um novo começo • 119
A bagagem • 129
Os três pilares • 139
O propósito! • 153
Álbum • 175

Prólogo

Se hoje houvesse apenas 2% de chances de recuperar toda a sua história, o que você faria? Quanto valeria seu último instante? Já se fez essa pergunta?

Posso garantir que, ao ter essa resposta, você jamais voltará a negociar o tempo de qualidade consigo mesmo, com aqueles que ama ou com o que realmente importa.

Vivi cada segundo até aqui com uma intensidade desconhecida pela maioria. Graças a este livro, pude identificar com clareza as raízes da minha paixão intensa pela vida.

O ultimato de uma figura de autoridade, segundo o qual apenas 2% dos casos como o meu têm chances de resultados satisfatórios, soaria para 98% das pessoas como fato irreversível. Porém, o que aquele médico não sabia, assim como grande parte da população desconhece, é que temos escolhas, e, por isso, decidi ficar entre a pequena porcentagem que prova o contrário.

    Permita-se entrar comigo nesta onda como se fosse sua última chance! Pode ter certeza de que nem mesmo a brisa em seu rosto todos os dias pela manhã passará despercebida a partir daqui.

O surf

Ao registrar as experiências, os desafios e os aprendizados vividos ao longo desta jornada, decidi também adentrar no mais profundo de minhas memórias. Essa postura permitiu que eu identificasse fragmentos e traços de minha personalidade moldados pelos processos de construção, quebra e reconstrução pelos quais passei. Uma movimentação conjunta em diversos aspectos fizeram de mim quem sou hoje.

Lembro-me agora do que dizia Sérgio Rego Monteiro, primeiro presidente latino-americano da Associação Mundial de Marketing de Jornais: "Alfredo, você tem um talento incrível. É como um tsunami que chega arrebentando tudo, e ninguém te para". Nunca imaginei que em alguns anos aquilo faria tanto sentido para mim.

As ondas gigantes são o sonho dos surfistas e o pesadelo dos pescadores. Susan Casey, uma escritora e jornalista americana, chama de extremas as massas de água que podem alcançar mais de 30 metros de altura e avançam em grande velocidade pelo mar.

Essas massas, que podem aparecer de surpresa e são capazes de ameaçar estações de petróleo ou até mesmo partir grandes barcos em pedaços, em um misto extremo de beleza e adrenalina, fascinaram-me desde a infância.

Nesta retrospectiva, recordo carinhosamente como implorei para minha mãe, em uma banca de revistas em Porto Velho (RO), onde morávamos na época, meu primeiro exemplar da revista *Fluir*. Compramos a segunda edição dela no Brasil. Encantava-me por todas aquelas imagens e sonhava acordado, desejoso por nossas férias em São Vicente, litoral paulista, onde meu pai havia comprado um apartamento.

Não foi fácil ter a autorização do meu pai, porque naquela época imaginava-se que os surfistas eram "vagabundos" ou "ratos de praia". Estereótipos desafiadores de se conviver em uma sociedade tradicional, mais ainda à sombra da rigidez cultural japonesa que meu pai fazia questão de trazer consigo.

Quando eu tinha 15 anos, fomos morar novamente em São Paulo. Então comecei a praticar sempre. Nossa, que "onda" poder lembrar da minha primeira negociação! Troquei duas bermudas e uma camiseta por uma prancha bem velha. Era uma prancha icônica, uma Lightning Bolt havaiana, da década de 1970, redondinha, com duas quilhas e uma flutuação maravilhosa.

Eu surfava primeiro mentalmente. Isso era um fato curioso, até mesmo para mim, porque eu capturava as imagens assistidas e vividas nas ondas em momentos específicos e depois não precisava estar na praia para fechar os olhos e imaginar cada detalhe daquelas águas, cada movimento necessário para aperfeiçoar as manobras. Posso inclusive destacar algo precioso para mim: para ser um surfista de respeito dentro desse universo, todos precisam utilizar habilmente os cinco sentidos.

A visão aguçada, por exemplo, traz para o surfista um diferencial incrível. Tudo começa na sensibilidade em olhar e perceber, ao longe, a onda se formando. Calcular a que tempo ela está e antever o momento certo de cair para dentro do mar.

Estando dentro da onda, o surfista desfruta na sua cognição de um dos momentos mais lindos para se descrever. Aquele tubo significa risco extremo, adrenalina altíssima e, ao mesmo tempo, uma beleza única, palpável e absurdamente dinâmica. Ao fim, é possível desfrutar de um descanso de alma, compatível a todo pôr do sol que eu conseguia acompanhar, sentado na prancha, ainda dentro do mar.

Foi uma conquista para mim, depois de um tempo, convencer meu irmão a também viver essas experiências eletrizantes. Ele era skatista, e eu dizia: "Mano, experimenta o mar, e você vai sentir uma diferença radical". Quando ele topou surfar comigo, nos tornamos parceiros de alma. Tudo que eu queria era vê-lo desfrutando de novas experiências, além de campeonatos ou competições. Apresentei a ele o "espírito do surf", o que, para mim, significava viver com todos os sentidos aguçados para aquele momento específico no mar.

Lembro-me de como o vislumbre de um tubo de onda e a vista da paisagem, ao sair, encantavam-me. Não havia nada no meu mundo mais precioso do que a gratidão que me inundava a cada onda, eu era tomado por um misto de adrenalina extrema e uma recompensa serena ao fim. Beleza na calmaria, e o mar mais lindo que aquele dia poderia produzir.

Assim, o fato de antever uma onda, sua formação ou conhecer seu melhor momento em praticamente nada está relacionado ao uso de instrumentos ou tecnologia avançada, porque, na maioria das vezes, o espírito do surfista é a única razão palpável para cair no mar ou recuar.

Todos os fins de semana, feriados ou férias, após ter praticado mentalmente inúmeras vezes, era a hora de testar na prática e viver cada situação diante de paisagens desafiadoras e deslumbrantes.

Os surfistas dos anos 1990, no litoral de São Paulo, eram uma tribo unânime nos trejeitos, no palavreado, no estilo e nas roupas. Em suma, eram códigos que traziam para mim, um adolescente com pouco menos de 15 anos, uma sensação de pertencimento incrível. Aqueles eram meus brothers de alma, meu ambiente, minha tribo.

Naquela época, o surf no Brasil não era um esporte conhecido. Afinal, estamos falando do país do futebol. Sem acesso a escolas, vídeos de análises ou instruções prévias, aprendíamos na prática. Era executado a partir de um método de observação minuciosa dos surfistas mais experientes, testando erros e acertos.

Ainda hoje, dentro dessa prática poucas pessoas sabem que modelar os mais experientes (observação e aprendizado) constrói de fato a alma de um surfista. Isso não diz respeito apenas a níveis de experiência dentro do mar, mas ao conhecimento em relação à natureza. A sensibilidade extrema para perceber a formação desde uma brisa suave até o mais impetuoso sopro no horizonte.

Observando, por exemplo, até onde você vai precisar remar para alcançar determinada onda, ponderando sua própria força, almejando o destino de chegada. Não calcular essas possibilidades pode provocar cansaço, além de nos fazer perder a ocasião de uma onda ainda melhor.

Nessa prática, não adianta a teimosia. Você pode até insistir em algumas situações, mas em vez de ficar três horas no mar, a falta de preparo físico permite apenas uma hora. Eventualmente, eu via pessoas se matando para pegar todas as ondas. Remavam horrores e no fim não conseguiam desfrutar de um tempo de qualidade no mar. Eu sempre dizia: "Brother, vai no lugar certo. É só estudar o local, que, em três remadas, você pega a onda perfeita".

É necessário muito preparo físico para pegar as melhores ondas. É preciso estar no lugar e na hora certa ou então as forças se esvaem, e o surfista pode não conseguir pegar a onda. No momento de dropar a onda, já é outra jogada. O equilíbrio de todo o seu corpo é testado, é preciso ser estratégico para não cair.

Quero destacar aqui, caro leitor, que a descrição desses fatos e dessas ocasiões da minha trajetória como surfista não é aleatória. Compreendo agora como minha percepção e observação aguçadas no surf foram extremamente úteis em meus resultados para o universo corporativo, bem como em todos os acontecimentos subsequentes. Não acredito em resultados ao acaso. Depois de inúmeros testes, entre erros e acertos dentro do mar, entramos em confronto com as realidades de praias e mares diversos.

O costume de um surfista não pode torná-lo profissional apenas em uma praia.

Sou encantado por uma particularidade existente no surf: a necessidade da busca por novas experiências – enfrentar novas praias, novos ambientes, sem se acomodar ao habitual. O surfista de alma jamais se dá por satisfeito com mares que ele já domina, porque a adrenalina passa a nutri-lo.

Adrenalina, segundo a ciência moderna, é um hormônio produzido em situações específicas, uma química natural projetada em nosso organismo, capaz de trazer impulsos energéticos inimagináveis, a depender dos níveis gerados pelo corpo. Acabamos nos acostumando com uma vida cheia de adrenalina e, em consequência, passamos a buscar uma produção em graus cada vez maiores.

Estando maduros o suficiente, devemos administrar com perícia os níveis de adrenalina e ocitocina experimentados. Isso significa deixar coexistirem a impulsividade para se lançar em um abismo cheio de perigos e a calmaria de alma para analisar minuciosamente as probabilidades entre ganhos e perdas. Hoje, posso concluir que essas habilidades me foram testadas nas etapas subsequentes da minha vida.

Os riscos a que me expunha, em todas as novas aventuras e ondas, se tornaram pequenos em relação aos ícones do esporte que acompanhei por anos nas revistas. Eu precisava de desafios maiores, por isso treinava incansavelmente no mar. Eu desejava curtir e dropar ondas gigantes. Isso acontecia bastante comigo. Estávamos todos esperando a onda perfeita de um lado do mar. Saindo para a parte mais improvável e incerta, eu podia desfrutar em primeira mão da melhor onda.

Confesso que no começo, em 90% das vezes não deu muito certo, mas nos outros 10%, passavam-se momentos que valiam todo o esforço empregado. Com a prática, suas habilidades vão se desenvolvendo, e, embora isso possa provocar indignação em alguns, é preciso não perder de vista as oportunidades de antecipar as melhores ondas. Na maioria das vezes, mesmo caindo na onda, o surfista inexperiente não consegue performar tão bem quanto alguém testado e aprovado nas praias. É admirável assistir alguém com o manejo perfeito dropando uma onda.

Ademais, minha posição de esportista amador, ou seja, freesurfer, inspirava em mim um espírito considerável de liberdade.

Para um leitor não habituado ao universo do surf, os termos a que me refiro podem parecer incomuns, porém, nos últimos anos, a palavra "onda" tem sido bastante aplicada ao universo mercadológico, impulsionado de forma avassaladora durante o período pandêmico pelas tecnologias digitais. Respeitando as proporções, posso transitar entre os dois mundos, buscando possíveis semelhanças, ainda que sejam contextos e ambientações absurdamente diferentes.

É comum ouvirmos a expressão: "Vamos surfar essa onda!" dentro do mercado como um todo. Porém, na maioria das vezes as pessoas decidem surfar de forma inexperiente ou sem preparo e recebem como surpresa os caldos (quando o surfista cai da onda), mais corriqueiros do que se poderia prever. Apenas a minoria consegue um resultado acima da média.

Estamos falando daqueles que habilmente dominam a onda, por um nível mais elevado de conhecimento em tentativas, erros e acertos, ou seja, experiências anteriores ao evento visto ali, aqueles que, em muitas ocasiões, erroneamente se fazem "semideuses" em um determinado segmento, como se a "mágica" estivesse, literalmente, apenas em suas habilidades pessoais ou supra-humanas de conhecimento e poder.

Considero um risco dar liberdade para essa forma de pensamento, tendo em vista que são habilidades em antevisão advindas de modelagem para resultados positivos ou não. Então, se existe um diferencial nesses perfis e nessas personalidades considerados fora da curva, acredito que convirjam na capacidade de administrar as doses de adrenalina e ocitocina corretamente para cada ocasião.

A incapacidade e a inexperiência são aptidões distintas. Na maioria dos casos, a persistência em um erro corporativo ou social está relacionada à falta de experiência, seja por imaturidade ou tomada de consciência.

Emoções ou comportamentos gerados pelo medo de falhar ou de admitir a inexperiência – o que não implica incompetência de execução – podem levar à falência de projetos maravilhosos.

O segredo de uma modelagem eficaz está na observação de personalidades experientes e bem-sucedidas em determinadas áreas de atuação. Tal postura não implica inveja, mas, ao contrário, respeito às vivências de especialistas, um comportamento que nos leva a desafiar os limites do aprendizado.

Óbvio que, como acontece no surf, inúmeras manobras são executadas por imitação. Quando eu percebia alguém digno de ser imitado, copiava até os trejeitos e o manejo do corpo. Assim, quando me via na onda, lembrava de cada detalhe das manobras assistidas e as repetia.

É interessante como a pessoa pode ser favorecida pelo ambiente que respira. A questão não era repetir estilos e comportamentos, mas respirar o mesmo ambiente, absorvendo o resultado daqueles que admirava.

Com qual objetivo? Não era para me igualar ou simplesmente provar ser melhor. Eu sabia que a soma de experiência e os novos desafios me fariam ir além e ser grato, contando o que fora possível desenvolver a partir daquela base.

Passei a ter minhas primeiras experiências autônomas, sozinho no domínio da prancha, somente a partir do terceiro ano de prática, o que não era muito, pois morávamos em Rondônia, região Norte do Brasil, e só por três meses do ano viajávamos para o litoral. Durante esse tempo, eu me dedicava a executar o que havia concebido mentalmente durante um ano inteiro observando as revistas.

Depois dos 16 anos, voltei a morar em São Paulo, facilitando a prática do surf, mas sem prejudicar os estudos. Descia para a praia com meus amigos a cada quinze dias. Nessa época, a renda para fazer as viagens vinha da venda de bijuterias e colares artesanais.

Já na faculdade, comecei a trabalhar e consegui comprar meu primeiro carro. Efetivamente, todos os fins de semana eram sagrados na praia.

Sempre fiquei fascinado pelo vislumbre da natureza no mar e desfrutava cada detalhe. Lembro dos meus amigos me dizendo: "Brother, eu saí da água só para te ver surfar!". Posso descrever aqui qual era a sensação que me tomava quando conseguia entrar em um tubo na onda. Para mim, era como ser beijado por inteiro naquele mar.

Sair da onda no fim da tarde e assistir ao espetáculo do poente na imensidão não tem igual! Ver o céu se emendando com o mar, no horizonte do clima tropical brasileiro, era um momento muito especial em que eu dizia a todos: "Aqui, o espírito do surf se manifesta naturalmente".

Para aqueles que se dão ao trabalho de observar o espetáculo na natureza, as cores mudando de tom, e você remando para dentro do mar, em direção ao brilho dourado, a flutuação promove a sensação de voar no paraíso.

Tudo se faz único ali. Interessante que, em todas as vezes, o espetáculo me capturava, sempre acompanhado de cenas surpreendentes abrilhantando o momento com tartarugas, golfinhos ou lindos cardumes em um só espaço temporal e físico.

Em meu ser, definia-se o sentido da palavra "coexistência". Eu me arrepio todas as vezes que me lembro desses momentos mágicos com duração de alguns minutos no mar.

Aos meus amigos que, na maioria das vezes, não tinham paciência para esperar e assistir comigo ao espetáculo, eu dizia: "Vocês ainda não sabem o que é ser surfista de alma. Estão apenas brincando de pegar onda". Porque, para mim, esse respeito pela coexistência daquele momento era um estágio mais avançado no universo, o que, ainda hoje, considero muito raro dentro da prática do surf.

Com muita insistência, consegui transmitir a alguns, principalmente a meu irmão, essa capacidade de sentir sinergética e plenamente todo o conjunto: água, sol, mar, animais marinhos e horizonte. Percebo que, ali, conseguia acessar a contemplação como arte.

É muitas vezes indescritível a variedade de sensações experimentadas nesses instantes. A gratidão? Ah! Faz fluir, poderosamente. Não tem como negar a manifestação de um Criador imenso, tornando irresistível e plena nossa conexão de alma ali.

Acredito que essa prática, em contato direto, quase palpável, não me permite jamais considerar a possibilidade de um Deus criador ausente ou inacessível, porque, naquele misto de cores perfeitas e coexistência natural, tudo se encaixa. E a contemplação me permitia agradecer com toda a minha alma. Durante alguns minutos, a convergência se fazia eterna dentro de mim.

Decidi cultivar práticas e sentimentos como esses e repassar para todos que estavam no mar. Eram experiências positivas, além de simplesmente pegar ondas. Eu me dirigia a surfistas que não se contentavam com as modinhas, dispostos a ficar de três a quatro horas dentro da água, esperando aquele espetáculo da natureza.

Um "muito obrigado" diz respeito a um favor retribuído, mas a gratidão ultrapassa a troca de gentilezas: ela testemunha quem somos, de fato.

Hoje em dia, a importância da atividade criativa no cérebro humano por meio da contemplação vem sendo estudada e esquadrinhada com amplidão filosófica e científica. Uma atividade ociosa, por tanto tempo criticada, vem ganhando novas formas, tendo em vista a necessidade gritante dos nossos dias. Por dádiva, pude praticá-la, apaixonadamente, desde a infância.

O exército

Um ano, um mês e um dia, tempo exato em que servi ao exército brasileiro. Sempre digo que isso fez muito sentido para mim, foi um dos melhores anos da minha vida.

Cumpri o alistamento aos 18 anos, o que foi uma pausa perfeita na minha trajetória como freesurfer. Sempre fui motivado pela adrenalina, por novos horizontes e principalmente pelo fato de poder conhecer uma nova tribo. Trago prazerosamente comigo, ainda hoje, as amizades que lá construí.

Eu amava os treinamentos no exército por causa dos níveis extremos de intensidade. Um estilo de vida com base em romper desafios. Resistência sob pressão e, principalmente, a sobrevivência sob um formato disciplinar.

Sei que, para muitos, esse período é uma tortura, algo estressante ou até mesmo revoltante, mas, para mim, era muito divertido. Via no treinamento inúmeras possibilidades de desenvolver resistência física, mental e emocional.

Algumas vezes, eu me saí mal durante os treinos, já que, literalmente, não controlava o riso, pois estava sempre me divertindo – e era punido por isso.

O que meus superiores demoraram a perceber era que os sorrisos incontidos não eram de forma alguma um desrespeito ou desafio de autoridade, mas a compreensão das simplicidades da vida.

Para mim, todos os exercícios e os treinos estavam ali para dificultar ao máximo a vida daqueles seres humanos. No caso, todos nós. E tudo o que fizéssemos, de uma forma ou de outra, deveria dar errado. A consequência seria cobrada individual ou coletivamente, com a intenção real de nos treinar. De forma alguma se treina sem erros ou desafios aparentemente intransponíveis.

Aceitei, desde o início, que estávamos todos juntos naqueles treinos para testar todas as possibilidades de dar errado primeiro, para depois, então, traçarmos estratégias de como acertar. Assim, quando um amigo, colega de pelotão ou até mesmo eu pecava em algo, raramente conseguia ficar sem sorrir, pois pensava: "Caramba, descobrimos mais uma maneira de dar errado!".

As armadilhas sempre estavam claras para mim, mas a intenção era elevar o limite máximo suportável. Por isso, na maioria das vezes, pelo menos um não resistia. Entregava os pontos, fisicamente, emocionalmente ou em todos os aspectos.

Pense comigo, se depois de alguém falhar fisicamente por não suportar a estafa, essa pessoa for submetida a inúmeros xingamentos e humilhações públicas (diversas vezes a falha fazia a turma pagar uma tarefa extra, suscitando o ódio coletivo), ao permanecer estável emocionalmente, aquele indivíduo está apto com certeza a suportar uma situação de guerra. Nitidamente, trata-se de um treinamento para sobrevivermos a situações de escassez e pavor extremos.

Somos expostos a testes, mas, óbvio, dentro dos limites de conduta, sob a égide de honra, lealdade e coragem. Esses são pilares essenciais nas tradições militares na maioria das culturas ou épocas deste planeta.

Por exemplo, em uma situação de guerra, um subordinado intempestivo, acovardado, sem honra e desleal (incapaz de lidar com seus próprios impulsos) coloca, sim, todo o exército ou até mesmo uma nação inteira em perigo.

Então, as crises de riscos tinham mais ligação com a clareza de visão sobre o que aquele erro implicaria, realmente, caso fosse uma situação não simulada. Sobretudo, acontecia por saber que, ainda assim, todos nós falhamos de alguma maneira. O que me vinha à mente era: "De qualquer forma vai dar ruim. Então vou tentar buscar de todos os males o menor. Quero me divertir enquanto aprendo com isso".

Eu me recordo de inúmeras vezes o pelotão estar em formação, e o comandante da tropa olhar e dizer: "Enquanto não pararem de se mexer, nós não vamos embora!". Ficávamos por horas em pé. Ele ia conferir fila por fila na tropa e, se aparecesse o rosto de alguém, éramos todos punidos com mais algumas horas em formação. O pior era que sempre tinha um desregulado que não aguentava e dava um jeito de lascar com tudo!

O que eu tinha a fazer? Aproveitava para sorrir e fazer muitas piadas na minha cabeça a respeito daquilo. Porque se, de fato, estivéssemos em uma circunstância de vida ou morte, aquela mexida de lugar poderia significar a morte de todos. Então, dos males o menor. Melhor ser punido ali com mais algumas horas do que morrer em uma zona de guerra.

São testes constantes de resiliência. Quando se entende a racionalização por trás de toda a prática aparentemente absurda, acredito que as brechas para revoltas pessoais ou coletivas são fechadas. E, nesse ponto, a filosofia militar oriental das artes marciais cumpre um papel de grande diferencial, comprovando a necessidade de execução do treino naquele formato. O que, automaticamente, justifica as exigências postas nessas modalidades.

Lembro-me de uma ocasião específica do conhecido treinamento: "O ralo da boina". Eu servi no 4 BIB, batalhão de infantaria blindada, um dos mais operacionais do Brasil. Somos boinas pretas do exército, o BOPE do exército brasileiro. Achava o máximo o momento da instrução. Enquanto a maioria do pessoal se contorcia para reclamar, eu dizia: "Vamos, gente! É muito louco isso!", e sempre que dava ruim, nós ríamos bastante uns dos outros. Era chuva e frio no meio da mata. Em uma noite em que estávamos andando, falei com todos: "Esperem aí, gente, estou reconhecendo este lugar, aqui é o campo de armadilhas no qual fizemos a instrução há alguns dias".

Ficaram paralisados, e o tenente disse: "Não pode ser, não faz parte da rota!". Insisti e apontei a ele onde estavam as armadilhas. Fizeram os testes nos gatilhos e, realmente, era um campo cheio de perigos que poderiam ter machucado ou matado muitos de nós. Nossa rota foi recalculada e saímos dali ilesos.

Por isso, até hoje estudo armadilhas e gatilhos específicos. Mais uma vez validei meus instintos sensoriais de sobrevivência. Logo fui convidado a ser instrutor da tropa nesse quesito.

Para tanto, sou a favor de uma sociedade treinada em situações emergenciais ou de alto risco, mesmo não sendo algo imediato em determinado momento. Os treinamentos deixam as pessoas alertas, e o cérebro consegue reativar algumas memórias especificamente necessárias quando solicitado ou exposto ao risco iminente.

Esse tipo de padrão comportamental, preventivo de treinamento, com certeza reduziria muitíssimo as mortes por acidentes de trânsito, catástrofes naturais ou ataques às populações civis. Trariam à tona mentes treinadas para reagir aos perigos sem expor outros a riscos maiores.

A grandeza de uma pessoa não é medida pelo sangue derramado, mas pela nobreza de caráter.

Mesmo que o Brasil não sofra com terremotos como o Japão, por exemplo, temos índices altíssimos de alagamentos em estações chuvosas, que matam também de uma forma assustadora. Faz-se necessário um treinamento de rigidez militar. Poderiam abordar temas dessa complexidade na educação básica, mapeando as necessidades locais e regionais. Tal ação deixaria os cidadãos minimamente preparados psicologicamente para reagir.

Trata-se, aqui, do sentimento de coexistência, como disse antes, permeando os setores e departamentos sociais para um sistema de cooperação mútua. Acredito ser possível, não sendo utópico em demasia, clarificar a interdependência entre os indivíduos e agentes, e organizar uma corrente de pessoas dispostas a multiplicar ações de conscientização coletiva.

Com essa consciência somada à intensidade quase insana dos treinamentos, me tornei atirador de elite nessa época. Sendo extremamente competitivo, meu alvo estava acima de todas as metas. Fui sempre o primeiro a me jogar e o primeiro a saltar sem medo dos riscos, vivia aqueles momentos ao máximo. Meus irmãos de farda, até hoje, riem muito lembrando daqueles dias.

A paixão pelo impossível

*S*empre me propus a desafiar o que parecia impossível. O período de faculdade, por exemplo, me desafiou de maneira absurda.

Meu pai só podia contribuir, na época, com o suficiente para o transporte. Morávamos eu e meus irmãos em Campinas (SP) para fazer curso superior. Minha família já há algum tempo enfrentava uma grave crise financeira. Então, para ter o dinheiro do transporte, decidi ir à faculdade de carona todos os dias. No trajeto conheci duas grandes empresas: Xerox e 3M, referências globais. Eu olhava para elas e repetia para mim mesmo: "Um dia vou trabalhar em uma dessas empresas!".

No segundo ano da graduação, foi colocado no mural da faculdade um para estagiários na Xerox do Brasil. Vi minha oportunidade. Deixei meu currículo e fui selecionado. Minha função era operador de telemarketing, e eu agendava as visitas para os representantes com os prospectos.

Quando alguém dizia: "É impossível atingir isto!", eu me via desafiado e pedia aquele número como meta a cumprir. No telemarketing, sempre havia um objetivo para toda a equipe. Com frequência, eu me desafiava a fazer o dobro. Era comum receber uma bonificação sobre o faturamento ao atingir a meta. Na maioria das vezes, dobrava o salário. Para os perfis conservadores, o formato era perfeito. Eu, porém, mentalizava aquilo como piso mínimo, não como teto.

O desafio me impulsionava, e foi assim em todas as empresas em que estabeleci metas de faturamento. Sempre calculei a probabilidade adicionando, no mínimo, 40% além do proposto.

O trabalho, na minha concepção, nunca foi contabilizado por hora, mas por resultados. Então, se fosse preciso ficar um tempo maior para atingir o objetivo a que me propus, ficava tranquilamente.

O trabalho, na minha concepção, nunca foi contabilizado por hora, mas por resultados.

Quando comecei a trabalhar, mesclava obstinação e ímpeto de fazer o impossível. Chegávamos todos com uma meta de ligações diárias para realizar, e havia um quadro para colocarmos os resultados e fechamentos ali.

Eu ficava por horas na minha mesa sem fazer uma ligação, me preparando mentalmente. Era necessário me sentir pronto para as ligações. Às vezes almoçava, depois voltava, sob olhares atentos dos supervisores. Quando, decididamente, me sentia preparado, pegava o telefone, e o que a turma levava um dia inteiro para fazer de resultados, eu conseguia em duas horas.

Às vezes alguns colegas me procuravam, preocupados com a meta, e minha resposta era: "Calma, estou me preparando". Na realidade, necessariamente, tudo deveria me desafiar por instinto, caso contrário não me faria sair do lugar.

Houve um dia em que o nosso novo supervisor perguntou no meio da sala: "Alguém aqui sabe como trabalhar com Windows e enviar e-mails?", adivinhem quem disse que sim? Isso mesmo, respondi que sabia, mesmo sem saber. Parece ridículo hoje, no século XXI, com tanta tecnologia em uma sala lotada de estagiários de comunicação social da PUC de Campinas, ninguém saber enviar um e-mail. Mas estávamos na gênese da internet no Brasil, os avanços eram paulatinos. E por que eu disse aquilo? Justamente para não perder a oportunidade de me desafiar a aprender.

Passei mais ou menos uma hora mexendo em tudo, pois era bem intuitivo enviar o e-mail. Desde então, me tornei ajudante pessoal do meu supervisor depois do expediente regular do telemarketing. E, pasmem, não recebia nada a mais para preencher planilhas ou digitar e enviar documentos, eu apenas adquiria aprendizado.

Ali criei uma planilha modelo, por exemplo, que denominamos relatório único. Era uma planilha com dados de todas as máquinas, algo muito simples hoje; porém, disruptivo para a época. Concorri à premiação nacional de inovação dentro da empresa. Fui promovido ao setor administrativo, mesmo ciente de que meu melhor perfil estava vinculado à parte comercial. Aceitei até surgir a oportunidade certa de me vincular ao que realmente queria, a seção de vendas.

A oportunidade na repartição comercial veio em ótima hora. Meu salário era de 480 reais e, nesse tempo, minha filha era um bebê. Só de leite, creche e fraldas, já tinha esgotado meu orçamento. Sou grato, hoje, pelo suporte que tivemos da minha sogra em especial, pois fomos morar com ela. Foram dois anos assim.

Na entrevista para assumir a função, lembro-me de a supervisora dizer: "Alfredo, você é o perfil de funcionário que costuma aparecer um a cada dez anos!". Fiquei muito feliz naquela ocasião, porque não sabia como continuar sustentando esposa e filha por mais tempo daquela maneira. Cheguei a repetir algumas matérias na faculdade, devido à rotina de um estágio sem hora para sair na empresa. Porém, hoje, não me arrependo de nada.

Na área comercial fui muito bem. Depois de um tempo, entretanto, houve um desentendimento com meu chefe, o que me deixou por seis meses no rol dos desempregados. Até que, depois de um dia olhando as últimas três caixas de leite da minha filha e sem dinheiro para a próxima compra, decidi sair novamente procurando trabalho. Fui decidido a retornar para casa apenas quando encontrasse algum.

Encontrei um amigo de faculdade que estava supervisionando um dos jornais de maior circulação na época em todo o interior de São Paulo, com sede em Campinas. Ele não só pegou meu currículo como me apresentou para o coordenador de recursos humanos, dizendo: "Sabe aquela vaga que você tem procurado? Tenho a pessoa certa!". E, graças a Deus, apesar de o Brasil passar por uma reestruturação econômica em 1995, no meio de uma crise, voltei para casa após uma entrevista maravilhosa, selecionado no meio de outros 1.100 entrevistados.

Depois disso, participei de uma nova dinâmica com seleção dos cinco melhores e fui considerado apto para o cargo. Respirei infinitamente melhor depois da minha carteira assinada, com um plano de benefícios maravilhoso para aquela época, ticket, plano de saúde, salário fixo, mais variáveis pela produtividade em vendas.

Ali, na rede Anhanguera de Comunicação, eu me construí, efetivamente. Comecei como supervisor na venda de assinaturas; porém, com a excelência de resultados, fui convidado a assumir a gerência dos dois jornais da rede em Campinas, quando tinha apenas 25 anos. Experimentei, pela primeira vez, o significado real de uma mudança de patamar na vida. Um salto de 480 reais para 12 mil no meu salário.

No entanto, mais de 30% do meu ganho anual era investido em cursos. Nunca me conformei com técnicas rasas, eu replicava as aulas com os meus colaboradores, o que rendeu vendas muito melhores. Em certa ocasião, inclusive, apostei com meu diretor o cumprimento de uma meta que para ele era inatingível. Se eu conseguisse, ele me pagaria uma viagem para a Califórnia. Então, todos os dias de manhã, colocava a música do Lulu Santos que dizia: "Garota, eu vou pra Califórnia...", e toda minha sala de vendas cantava junto comigo antes de começarmos. Aquilo era extraordinário.

Meus vendedores começaram a faturar muito. Alguns alcançavam 10 mil reais por mês. Naqueles anos, era realmente uma boa grana para alguém sem escolaridade vendendo jornais.

Lembrando minha adolescência, recordo que meu pai trabalhava como executivo de construção civil industrial, trazendo tecnologia japonesa e negociando em vários lugares do mundo, inclusive no Brasil. Vê-lo chegar em casa contando histórias de viagens era o suficiente para eu imaginar viver como ele um dia, viajando o mundo a negócios. Mesmo sem saber ao certo em que área trabalharia, tinha certeza de que iria conseguir.

Certo dia, após uma reunião com alguns consultores no jornal, ouvi-os comentar sobre os passeios por Nova York. Cheguei em casa e falei para minha mãe: "Serei um executivo internacional". Já estava dito.

A partir de então, comecei a escutar Frank Sinatra todos os dias indo para o trabalho, me preparando mentalmente. Em cada sonho, uma trilha sonora! Ao longo de dois anos consecutivos, fiz um caminho mais longo para o trabalho, apenas para não chegar antes de terminar a minha música favorita: *New York, New York*. Imaginava-me vivendo e desfrutando de Nova York todos os dias.

A proposta do posicionamento internacional veio, mas não para Nova York, nem da forma esperada. Contudo, no formato em que se apresentou, acredito, trouxe-me um benefício de crescimento e desenvolvimento pessoal ainda maior do que aquele que eu viveria nos Estados Unidos.

Meu ambiente de trabalho tornou-se hostil. Na intenção de boicotar os lucros dos meus vendedores, alguns membros da diretoria começaram a estabelecer metas três vezes maiores, justamente visando diminuir as bonificações pagas. Sem minha participação, houve a decisão de uma greve. Associaram-me ao movimento, e fui mandado embora por justa causa.

Quando o mercado ficou sabendo, um CEO japonês, após observar o aumento de 127% nas vendas de assinaturas dos jornais durante a minha gestão, entrevistou-me e convidou-me para trabalhar no Japão. Inclusive no quesito inovação, idealizei o primeiro projeto de um jornal em braile no Brasil. Eu descobri esse fator como incentivador de inclusão e também benéfico legalmente para a redução de impostos. Naquele tempo, o jornal passou a ser requisitado nacional e internacionalmente para consultorias nessa área.

Aceitei a oferta, mesmo não falando ainda inglês fluentemente, muito menos japonês. Em dois meses, estava embarcando para o outro lado do mundo.

Japão

O maior desafio da minha vida até ali foi me despedir dos meus dois filhos, dos meus pais e meus irmãos. Meu irmão chorou a ponto de passar mal. Estava me lançando para o completo desconhecido. Era outro mundo. Não havia nem a sombra da comunicação facilitada de hoje. Aguentei firme no aeroporto, mas no avião desmontei. Chorei até os Estados Unidos, depois de doze horas de voo.

Porém, a chegada ao Japão já deixou claro que minha obrigação era me adaptar o mais rápido possível.

No aeroporto, tive dificuldades de reconhecer meu empregador. Pensei: "Como vou fazer para encontrar o CEO que vai me levar ao hotel?". Comecei a me desesperar, até ouvi-lo dizer meu nome. Levei quase três anos para conseguir diferenciar as fisionomias, pois, desabituado ao país e à cultura, considerava-as muito semelhantes.

Estava, enfim, em Tóquio, uma megalópole recheada de tecnologia avançada e normas sociais completamente diferentes do Brasil. Apesar da minha origem paterna ser japonesa, no Japão, eu era estrangeiro.

Era algo difícil de se admitir, mas eu estava em um ambiente inteiramente distinto da minha terra natal, ali eu era um completo desconhecido. Eu não era nada japonês até ali, isso era um fato.

Vou abrir um breve parêntese a esse respeito agora para falar um pouquinho da minha descendência japonesa.

Na tradição oral da minha família, minha avó havaiana nos fez saber que, ainda no tempo dos reinos combatentes, dois irmãos samurais entraram em conflito. Um deles se retirou do clã familiar para formar seu próprio clã e evitar ferir de morte o próprio irmão. Assim originaram-se os Tanimoto: 谷本. 谷 (tani) significa "vale", e 本 (moto) significa "origem", "sabedoria". Calma, não vou remontar toda a minha ancestralidade! Quero apenas trazer a você um pouco da herança cultural da minha família.

A tradição japonesa chama o filho homem mais velho de *"chonan"*, a ele é atribuída a incumbência de cuidar de toda a linhagem familiar, tornando-se responsável pelos pais e irmãos, inclusive financeiramente. Meu pai e eu somos *chonans*.

Na morte dos pais, existe a prática de culto aos antepassados. Um pequeno altar familiar é construído e posto sob os cuidados do *chonan*, para que o ritual diário de veneração aconteça. Ficam ali os nomes dos antepassados, pais e avós. É necessário colocar alimento e realizar as orações cotidianamente.

Assim, cumprindo os rituais na morte dos meus avós, meu pai deveria assumir essa tradição. Entretanto, ele abdicou dessa tarefa, deixando-a para minha tia, acredito eu, por considerar um compromisso trabalhoso. Na época, não me atentei aos fatos, mas hoje faz todo o sentido. Percebo que, apesar do respeito à família dedicado ao meu pai pelos mais velhos, seu espírito de liberdade, assim como o meu, falou mais alto durante a vida. Mesmo sendo coagido pelo hábito tradicionalmente aceito, se posicionou contrário aos costumes, que para ele não faziam sentido.

Durante anos, presenciei os comentários. Todas as vezes que algo não ia bem, principalmente na nossa vida financeira, responsabilizavam meu pai por rejeitar o ritual do cuidado com o santuário.

Tínhamos um impasse, porque sempre me dediquei apenas aos princípios que, eu acreditava, me fariam evoluir. Em consequência, não obedeço aos imperativos, ao meu ver, sem sentido. Respeito e até admiro hábitos culturais e ritualísticos, contudo, ao compreendê-los desprovidos de significado, esvai-se para mim a possibilidade de viver os costumes apenas para agradar outras pessoas.

Segundo o legado *chonan*, teríamos automaticamente um alto grau de responsabilidade familiar, e deixar de participar de uma prática ancestral poderia fazer recair sobre nós uma espécie de maldição hereditária. Dada a rigidez cultural dessa prática, nossa postura era considerada um comportamento subversivo, mas demonstrava, contudo, uma liberdade de pensamento incomum.

Em contrapartida, noutros aspectos, a exemplo da disciplina cobrada para os estudos e a educação financeira, em nada meu pai deixou ausente os ditames japoneses. Fomos criados sob uma disciplina fora de série.

Quando criança, eu não entendia muito, sobretudo por conviver com crianças brasileiras. Minha mãe, uma brasileira de tradição sulista, também rígida, mas não tanto, nos auxiliava bastante, aliviando os confrontos.

Na juventude, me lembro dela desejando que meu pai nos desse liberdade de dirigir o carro dele. Ele se opunha, dizendo: "Se eles querem dirigir, que comprem o próprio carro!". Sou grato hoje por compreender como esse posicionamento me auxiliou na busca pelos meus interesses, principalmente nos negócios.

Enfim, como percebe-se, a cultura tradicional japonesa estava presente no meu cotidiano, mesmo nunca tendo vivido no Japão. Porém, houve um salto quântico na minha relação com os costumes locais quando, a convite, fui trabalhar na terra do sol nascente. A mudança e a vivência na pele de toda essa experiência me deram um novo viés.

Durante os onze anos vividos no Japão, o uso dos sentidos foi uma das principais características que desenvolvi. Posso explicar os motivos. O Japão, para mim, tem um cheiro particular, assim como todos os outros lugares. Os trens luxuosos, o jeito cosmopolita das pessoas, as luzes incidindo de todas as formas nos ambientes, até mesmo os corvos, espécie de ave muito presente em Tóquio, ajudavam a produzir um odor próprio para aquele ambiente.

Praticamente não se utiliza o inglês como forma de comunicação no Japão. Então minha percepção em relação a tato, visão, audição, olfato e paladar foi assustadoramente aguçada. Pude comprovar que as zonas sensoriais do nosso corpo são acionadas de acordo com nossas necessidades em determinadas situações.

As deduções não aconteciam do absoluto zero, obviamente. Tanto que, no primeiro dia de trabalho, mesmo estando dentro do horário correto na frente do prédio, só consegui entrar após uma hora de espera do lado de fora, porque não sabia como abrir a porta. Só descobri que a porta abria ao contrário após um funcionário sair de lá de dentro. Me custou uma hora de atraso. A partir dessa feita, fiquei muito mais atento.

Outro dia, atravessando a rua, quase fui atropelado. Levei um susto e fiquei me perguntando o que eu havia feito e porque meu cérebro ainda não havia se encontrado. De fato, tudo era ao contrário, inclusive a direção dos carros. Precisei até mesmo de um treinamento específico em etiqueta e apresentação para as reuniões de negócios na empresa.

Ainda nos meus primeiros dias no Japão, meu CEO decidiu me testar e me disse: "Olha, daqui a três dias você vai encontrar um representante nosso do jornal em Nagoya". Liguei para o representante agendando o horário na estação e, sem saber como fazer para chegar lá, me desafiei novamente.

Mas, devido à minha amizade com o brasileiro que eu havia substituído na empresa, fui alertado: "Olha, Alfredo, o Sacho (CEO da empresa), está te testando. Ele te enviar para Nagoia, outra região do Japão, só pode ser um teste. Não tem como você chegar lá sem saber japonês". Disse a ele que ia dar um jeito. E, na intenção de me ajudar, ele escreveu para mim um roteiro.

Depois percebi que, sem aquela ajuda, seria realmente impossível, porque eram quinze estações até a primeira parada. Foi quando pedi ajuda para um funcionário do trem-bala. Desci com ele sete andares abaixo do solo. Andamos por quase vinte minutos dentro da estação, mas graças a Deus consegui chegar. Fiquei imensamente grato. Ninguém acreditava que eu conseguiria.

Por conta do uso dos sentidos, pude constatar que, principalmente, nossa comunicação em nada se limita ao aspecto linguístico, como somos tentados a pensar. Eu me vi prestando atenção em cada detalhe, gesto, cheiro e sabor. Precisava ser efetivo e direto na minha comunicação, pois implicava a minha sobrevivência ali. Atestei que os cinco sentidos se comunicam universalmente.

Pensando sobre isso, recordo-me de um programa da TV japonesa em que eles convidam um artista para conviver com alguma tribo ao redor do mundo. O participante fica em torno de quinze dias sozinho com a tribo, sem saber falar a língua nativa, utilizando apenas formas de comunicação sinestésica. E é incrível como, em todos os casos, a comunicação flui, a ponto de que, nos momentos de despedida, ao fim dos episódios, ambos os lados se emocionam com a intensidade da experiência, a qual resultou em relacionamento e afetividade.

Mas até compreender esse fato, no meu primeiro semestre dentro do Japão, sofri muito pela ausência de comunicação verbal. Experimentei um dos piores sentimentos que um ser humano pode vivenciar na vida, a solidão. Havia deixado meus dois filhos, com quem tinha oportunidade de falar apenas uma vez por mês. Tudo que eu amava estava no Brasil, mas eu não poderia deixar de viver aquela experiência.

Eu estava sozinho, sem TV ou ao menos um rádio no meu apartamento. Internet como se tem hoje?! Nem sonhando. Foi algo agonizante para mim. Eu sentia muito medo de me perder ao sair na rua. Ficava só, ali, olhando pela sacada minúscula. Até que um dia, não suportando mais, tomei coragem e desci para beber um pouco em um bar que ficava de frente para o meu prédio.

Os bares de Tóquio são bem pequenos. Haviam quatro cadeiras e o master, que é como eles denominam a pessoa responsável por fazer e servir os drinks no balcão. E mesmo sem entender nada do que diziam, consegui pedir uma cerveja.

Depois da segunda, já estava mais relaxado. Olhei para o moço que estava sentado do meu lado e disse: "Tudo bem com você?". Ele começou a me responder, deixando claro que havia entendido.

Logo nos vimos dialogando, rindo e brincando, e, pasmem, eu consegui entender claramente. Soube que ele tinha dois filhos e uma mulher chata, o que, segundo ele, não o deixava ter vontade de voltar para casa.

Sei que nós nos entendemos uma noite inteira, ele falando em japonês, e eu, em português, não sei como, sinceramente. No outro dia, quando acordei, fiquei me perguntando: "O que foi aquilo, meu Deus?". Não conseguia entender como havia se dado a comunicação, mas ela aconteceu.

Outro fator que acredito ter aguçado, principalmente, meu instinto olfativo foram as idas ao supermercado. Como não sabia ler japonês, identificava os ingredientes dos produtos pelos desenhos e cheiros.

No trânsito, andava, a princípio, com muito medo de errar, porque de qualquer forma não iria saber como falar a direção. Assim, não poderia correr o risco de perder uma placa sequer indicando os caminhos.

As necessidades básicas para minha sobrevivência no Japão aguçaram minha percepção a cada novo detalhe. Indo ao restaurante, prestava atenção em cada produto desejado, e em como comunicaria determinado item, para não correr o risco, por exemplo, de comer carne de cavalo em vez da de porco.

Foi muito tenso passar por tudo isso, mas, hoje, reconheço como desenvolvi meus instintos mais primitivos de sobrevivência, inclusive a habilidade de tomar decisões rápidas por extrema necessidade. Esquerda ou direita? Isto ou aquilo? Se perdesse o *time* em qualquer decisão, poderia prejudicar um dia inteiro de trabalho.

Hoje considero até mesmo o que entendo como pequenos sinais divinos à minha volta. Faz-se necessário aguçar nossa percepção natural. Somos partes de um todo, e esse todo deseja se comunicar conosco de alguma forma, podendo ela ser sensorial e básica. Mas, para tanto, dependemos de respirar fundo e ativar todas as nossas vias sensoriais, agindo espontaneamente.

Prestar atenção sem paralisar a vida, aceitando ser algo mais simples e comum do que se imagina. Para mim, são como tentativas do Criador de se comunicar, deixando claro como nos relacionamos com o universo natural.

Se não pararmos para observar, buscando compreender o todo à nossa volta, corremos o risco de, roboticamente, nos enrijecermos e nos neutralizarmos diante das grandezas contidas nas simplicidades da natureza.

Se não pararmos para observar, buscando compreender o todo à nossa volta, corremos o risco de, roboticamente, nos enrijecermos e nos neutralizarmos diante das grandezas contidas nas simplicidades da natureza.

Todos nós, como humanos, somos seres naturais, representando em nosso corpo todo um universo de possibilidades em cada membro. Seres que se complementam mutuamente e são plenamente interdependentes.

O que vivi no Japão, apesar da herança familiar supostamente me ter preparado, me surpreendeu acima da média: as tomadas de decisões a que fui exposto, a sensibilidade natural e, principalmente, os padrões da ética profissional.

Deixei o Brasil sob a percepção corporativa de competitividade voraz, comum ao capitalismo ocidental, contudo, fui surpreendido com uma visão de negócios de aparência extremamente simplista, porém de uma profundidade filosófica de todo desconhecida para mim até então.

Trata-se de uma visão baseada no respeito, priorizando atitudes que demonstrem reverência, e não apenas palavras soltas em algum documento normativo. Pela vivência dentro do corporativismo japonês, criou-se em mim um equilíbrio palpável entre a voracidade de uma busca incessante por novos desafios e a serenidade em receber com naturalidade padrões e normas estabelecidos.

Para facilitar a sua compreensão a esse respeito, caro leitor, posso correlacionar os postulados que presenciei no corporativismo nipônico aos princípios das artes marciais. Descobri assim, a minha verdadeira essência.

A grandeza de uma pessoa não é medida pelo sangue derramado, mas pela nobreza de caráter; se sob ela paira a possibilidade e autoridade para entregar-se por completo, escolher não fazer é demonstrar compaixão e misericórdia. Desenvolvi afinidade com os pressupostos da honra tanto nos negócios quanto no cotidiano.

Após uma reunião em que alguém, aparentemente mais humilde e prestativo, se apresentava durante uma negociação, ficava surpreso ao saber, *a posteriori*, ser o sujeito mais importante no recinto.

Passei a policiar meu olhar e, consequentemente, minhas atitudes como um todo. Não por ser indiferente às pessoas que se apresentassem como inferiores, mas porque buscava perceber a verdade daqueles fatores que determinariam meu futuro. Aos poucos, percebi os princípios basilares que conduziam os processos de crescimento no mundo dos negócios ali.

Minha *batchan* (avó em japonês) me ajudou muito nisso. Durante minha carreira profissional, quando a notícia de uma nova promoção se espalhava, ela me surpreendia com um tapa na cabeça. Isso mesmo. Era a sua forma de expressar ciência daquela promoção. Repetindo as mesmas palavras: "Foi promovido, Alfredo? Mais humilde ainda, hein?! Mais humilde. Não pode ficar achando que é melhor do que ninguém!".

Posso ser o presidente de uma corporação, porém, usar essa função para exercer um abuso de autoridade faria de mim alguém desprezível diante do meu próprio meio e, provavelmente, meu tempo nesse patamar seria desastroso.

Olhar para um subordinado e dizer: "Faça isto, porque sou eu que mando aqui!" é um comportamento corriqueiro, talvez, para os chefes do capitalismo ocidental. É possível que no Japão, a médio ou longo prazo, uma carreira corporativa seja destruída ao se assumir essa postura antiética, egocêntrica ou desrespeitosa para com os outros.

Durante uma reunião de negócios, por exemplo, estão dispostos diversos níveis e dimensões de empresas. É natural chegar já conhecendo quem são eles. Mas seu potencial é destacado quando, independentemente da expressividade ou grandeza dos seus negócios, o executivo se apresenta respeitando a todos no ambiente, desde o atendente na portaria do prédio até os pares na mesa. Sei que podem imaginar isso como intrínseco ao relacionamento humano ou a regras subentendidas de boas maneiras. Porém, no sistema hierárquico do corporativismo japonês, são princípios basilares irrevogáveis.

Por que sempre digo que nesse meio reencontrei minha essência? Pois os preceitos da arte samurai remontam às origens da minha família, reafirmando minha ancestralidade *chonan*.

A maioria das manifestações artísticas japonesas se pautam no mesmo princípio, o *kendô*, arte marcial difundida pelos samurais, cujas raízes remontam ao judô. O "dô" na palavra remete a caminho, e é exatamente o que representa: um caminho na busca por perfeição e plenitude. São práticas executadas como um meio para algo, não como um fim em si.

Foi mágica aquela vivência, porque minha adaptação no meio empresarial possibilitou um crescimento improvável até mesmo para um japonês local. Cheguei a ocupar uma função nos negócios que, tradicionalmente, seria alcançada apenas por homens com idade acima de 50 anos, porque existe uma hierarquia estabelecida dentro do corporativismo, justamente visando perpassar testes de habilidades desenvolvidas no caráter.

Eu era o *butchô* mais jovem ali, galguei o mais alto nível corporativo aos 30 anos. Porém, eu o conquistei a partir do respeito a todos.

Mesmo sem conhecer a fundo os conceitos da filosofia samurai, sempre a venerei como estilo de vida profissional. Honra, lealdade e coragem são valores com os quais passei a ter intimidade ao longo do processo.

Era necessário exercitar o autocontrole a ponto de não usar a autoridade em benefício próprio e reconhecer o valor de cada pessoa, individualmente, para harmonização do todo. Experimentei dar vida à minha ancestralidade cultural.

Nos padrões de um samurai, cujo significado literal é '"aquele que serve", os que menos procuram a guerra são exatamente os mais hábeis para ela. Como declara o código de conduta dos meus antepassados: "A vida de alguém é limitada; porém, a honra e o respeito duram para sempre".

A última onda

Mesmo com todo o frenesi da minha vida como executivo, nunca deixei de praticar o surf, a não ser nos dois primeiros anos de Japão. Havia deixado minha prancha no Brasil, porque não sabia em que ritmo trabalharia ou como o CEO encararia me recepcionar no aeroporto com uma prancha nas mãos.

Porém, depois de um ano, quando voltei pela primeira vez ao Brasil, minha prancha já foi comigo para o Japão, e retomei minhas atividades como freesurfer. A princípio foi decepcionante. Não havia muitas ondas com as quais meu nível de adrenalina estivesse satisfeito. Mas, com o passar do tempo, fui adentrando nas comunidades japonesas de surf e entendi que havia regiões específicas e, principalmente, climas para ondas maiores.

Descobri que as melhores ondas aconteciam após os tufões chamados de *Typhoon*, *Taifú* em japonês. Então, estava sempre de olho nos fatores meteorológicos para alcançá-las. Vou simplificar a busca por ondas maiores em experiências para você, leitor, que talvez ainda não tenha provado um nível tão grande de adrenalina.

Quando você tem um carro automático, um carro manual se torna insignificante e volta a ser utilizado apenas se não houver outro recurso. Então, as ondas menores já não faziam mais sentido para mim. Seria o mesmo que regredir ou desmerecer as habilidades que já haviam se desenvolvido.

Nesses momentos, eu preferia estar sozinho no mar. Observava a previsão das ondas, tirava minhas conclusões com ajuda das imagens de satélites. Nesse nível de ondas, geralmente, nós, surfistas, nos tornamos muito seletivos, porque um passo em falso pode terminar com toda uma vida. Por isso, meus seis anos de prática do surf no Japão foram como lobo solitário.

A vida de alguém é limitada; porém, a honra e o respeito duram para sempre.

É exatamente assim que me lembro daquele dia 16 de agosto de 2008. Havia observado o lugar de passagem do furacão, dirigi por seis horas até lá. As ondas eram gigantes, ultrapassaram 15 pés de altura. Tentei adentrar no mar no mínimo três vezes e, apesar de curtir vários estilos musicais, antes de entrar, ouvia minha playlist de rock '"faca na caveira", buscando aumentar o nível de adrenalina e me colocar sob pressão!

Enfim, me desafiei o suficiente para surfar três delas. Na minha última onda, pensei: "Vou dar um mergulho nesta que está muito grande e depois busco outra para chegar até a praia. Já deu por hoje, o mar está muito nervoso".

Mergulhei e decidi ir bem fundo para pegar o impulso da próxima onda. Então senti minha mão bater no fundo da areia, ela escapou e se voltou contra minha cabeça. Em questão de segundos senti o impacto da cabeça no fundo fazendo, em meus ouvidos, um barulho ensurdecedor.

Daquele momento em diante, não senti mais nada dos ombros para baixo. Percebi, então, que havia sido grave. A única decisão que tomei ali dentro do mar foi: "Preciso sair vivo da água!". Lembrei-me rapidamente de uma reportagem a que havia assistido sobre um indiano mágico que, quando afundado em uma caixa de acrílico, conseguia sair intacto depois de 60 minutos. Seu treinamento era concentrado no autocontrole, a fim de conseguir administrar as batidas do próprio coração para evitar o óbito.

Então, ainda quando estava no fundo do oceano, eu pensei: "Preciso controlar meu coração". Confesso que estava acelerado em um nível que eu desconhecia até aquele momento. Felizmente, consegui focar o suficiente para acalmá-lo e ouvi-lo pausadamente.

Ali, submerso, sabia que, mais do que me manter vivo, o importante era preservar minha consciência, porque poderia acontecer de estar desfalecido no momento do resgate e me resgatarem de uma maneira fatal (a essa altura eu já imaginava ter sofrido uma fratura na região do pescoço). Então, eu não devia apenas controlar mentalmente o pulsar do coração, mas suportar, lúcido, o tempo necessário.

Senti, então, o primeiro impulso de onda me levando para cima. Consegui encher os pulmões. Guardei o ar e fui levado violentamente para o fundo. Eu sabia que esses movimentos no mar poderiam se repetir várias vezes até alguém aparecer, por isso mantive a calma absoluta.

Eu já estava mais próximo da praia quando começaram a diminuir os intervalos das ondas, no entanto, não havia conseguido um jeito de virar meu rosto para cima e a escuridão era horrível. Sabe quando definem que seu espírito está para abandonar seu corpo? Foi quase ali que disse: "Deus, preciso continuar vivo, de alguma forma, pois eu AMO VIVER". Nessa hora, veio uma onda e virou meu rosto para cima. Consegui puxar ar mais uma vez, porém, como meus braços estavam imóveis, se eu não conseguisse tapar meu nariz iria me afogar.

Lembrei-me, então, da leitura sobre um curso de apneia que havia feito. Durante a simulação de afogamento, colocavam água no nariz, seguravam um pouco e, engoliam a água. Respiravam e, assim, repetiam o ciclo para não se afogar. Consegui fazer isso por três vezes. Na quarta, quando ao inspirar, veio uma pequena onda e comecei a me afogar. Enquanto eu me esforçava para administrar aquela situação; graças a Deus, os salva-vidas chegaram. Consegui conversar com eles, exatamente como havia previsto mentalmente naquele momento, indicando a fratura no pescoço.

Quando me retiraram da praia e me levaram até a maca, fiquei assustado ao extremo, pois nesse momento caí em mim de que de fato não sentia nada da cabeça aos pés. Ver pela primeira vez meus joelhos e pernas sendo movidos sem que eu sentisse absolutamente nada foi aterrorizante. Os membros eram como um móvel de madeira. Não faziam mais parte do meu corpo.

Estava em estado de choque, estarrecido e me lembro de pensar comigo nesse momento: "Eu vou ser o caso que a medicina não explica!".

Decidi ali que comigo aconteceria assim como em muitos outros casos de pacientes já sem esperanças: pessoas desenganadas que, retornando ao hospital, não estavam mais doentes. Determinei, naquele instante, que eu seria, além de um evento inexplicável, palestrante a respeito disso. Não posso negar que meu mundo congelou ali e que me perguntei várias vezes: "Isso está mesmo acontecendo comigo?".

Os anjos

Não acredito em coincidências. Sempre defendi uma razão universal para as situações que aconteciam na minha vida. Mesmo em determinadas circunstâncias em que não sabia como explicar ou até mesmo apontar um norte, dentro de mim havia uma certeza: "Existe algo arquitetado por trás disso, algo muito maior do que o que vejo agora!".

Tenho vivido todos esses anos debaixo de proteção divina, sinto que o Criador sempre providencia seres ajudadores para nos auxiliarem em momentos de solidão. Esses seres, para mim, podem assumir uma identidade humana, convivendo ou não conosco diariamente.

Por isso, sempre fui prestativo e cuidadoso com todos. Nunca sabemos diante de quem estamos ou a que teste divino estamos sendo submetidos para nosso próprio aperfeiçoamento de alma.

Assim, vivi os melhores e piores anos da minha vida, constantemente contando com o suporte de anjos.

Veja só, um mês antes do acidente no mar, o governo japonês havia liberado um projeto chamado "Doctor Heli". Todos os hospitais com esse projeto eram universitários e do governo, no Japão raramente há hospitais particulares, os que existem são instituições com estruturas bem menores. Assim, me tornei o caso piloto para esse novo projeto de salvamento do governo japonês.

Após o resgate, voamos durante 20 minutos em um trajeto de montanhas sinuosas, percurso que de carro seria percorrido durante duas horas e meia. O socorrista me disse que, com certeza, não fosse o salvamento aéreo, eu teria morrido no percurso entre Shimoda e Nagaoka, na província de Shizuoka.

Ao me receber no hospital, o médico desde o início insistiu em declarar que havia apenas 2% de probabilidade de que eu voltasse a andar. Isso se tornou um conflito em minha mente, porque já havia decidido ser um caso inexplicável para a medicina tradicional. E, dentro de mim, eu não sentia confiança na operação daquele médico.

Caso fosse necessário, aceitaria. Mas senti bastante pessimismo nas afirmações dele quando repetidas vezes declarava minhas mínimas chances de recuperação. Para mim, era arriscado ficar nas mãos de alguém com tamanha fé nos dados científicos e tão pouca no intangível.

De forma inesperada, no hospital havia outro médico, tutor da parte universitária, ele era nada mais nada menos do que o "papa" da neurocirurgia no Japão. Ele viu meu caso e logo quis fazer a operação, a fim de demonstrar aos alunos um caso prático. Para o professor, era uma oportunidade e, para mim, a providência divina de mais um anjo.

Foram dezoito horas de cirurgia naquele hospital. Uma abertura na parte frontal e outra na posterior do pescoço para a reconstituição das duas vértebras fraturadas. Parafusos, hastes de ferro e partes ósseas alheias àquela região do meu corpo agora passariam a ser parte de mim.

Minha querida amiga Lucy, que havia chegado na cidade para nos encontrar, soube do acidente e foi para o hospital; de joelhos, ela orava pedindo a Deus para que tudo corresse bem na cirurgia.

Nosso maior temor tornou-se realidade, uma infecção no pós-cirúrgico. Havia muita secreção nos pulmões, principalmente pelo hábito de fumar, e eu não tinha forças para expelir o líquido. Lembro-me de um enfermeiro que ficava ali no meu quarto uma hora, aproximadamente, massageando a região dos pulmões. Quando ele percebia que iria expelir, me ajudava a forçar e cuidava da retirada da secreção da minha boca. Ali, eu chorava de gratidão pela ação de mais aquele anjo. Meu Deus, como? Não poderia imaginar fazer algo sem a ajuda daquelas mãos, logo sufocaria com certeza.

Após a cirurgia, eu passaria por uma ala do hospital que chamo, carinhosamente, de "purgatório". Uma parte da ortopedia muito angustiante, cujos corredores ficavam lotados de pacientes gemendo de dor, gritando, com os mais diversos quadros; os profissionais ali agiam quase que no automático. As máquinas de monitoramento dos sinais vitais ficavam todas do lado de fora, no corredor; caso acontecesse alguma coisa, os médicos e enfermeiros já saberiam qual doente atender. O som dos equipamentos era intenso.

Cerca de dez dias depois, antes de ser levado para o quarto, fui transferido para uma ala intermediária. Nesse setor do hospital, conheci uma profissional que apelidei de "mãos de fada". Essa mulher era incrível, tinha um cuidado imenso. O mais espantoso era que, tecnicamente, não havia sensibilidade alguma nos meus pés, no entanto, em todas as suas vindas noturnas para massagear meus pés, eu sempre sentia o calor das suas mãos. Eu fechava meus olhos e podia sentir uma luz emanando das mãos daquela mulher. Um dia eu lhe disse como me sentia todas as vezes que estava comigo. Ela sorriu imaginando ser uma gentileza minha, mas eu insisti: "Você é minha 'mãos de fada'!".

Fui transferido para um quarto privativo. Ali, podia receber visitas e minha namorada, na época, tinha liberdade de lavar minhas roupas e trazer meus produtos de higiene pessoal. Recebia visitas de amigos feitos no Japão, colegas do trabalho, americanos soldados da base militar que eu e minha namorada frequentávamos. Isso me confortava e me motivava a seguir adiante e continuar acreditando na realização do impossível.

Durante três meses não tive mais notícias da "mãos de fada". Então meu médico disse que eu receberia fisioterapia na cama. Adivinhem quem foi a profissional designada para aquele tratamento? Exatamente a "mãos de fada". Fiquei imensamente feliz. Era como se ela acendesse uma luz naquele quarto sempre que chegava e trazia consigo sua esperança e seu carinho imenso. Ela era fisioterapeuta, e os cuidados anteriores já eram uma prévia para estudar meu caso.

Havia também uma senhora já idosa, faltando uns três ou quatro anos para se aposentar. Sei disso porque, no Japão, as "patentes" profissionais dentro dos hospitais são definidas pelas cores dos uniformes, e lembro que essa senhora já era de uma alta patente. Eu a tinha como minha segunda mãe, por causa do seu carinho constante, porém, nos momentos que requeriam ação imediata, ela era extremamente incisiva e pontual nas tomadas de decisões. Por isso, faço tributos de gratidão a esses seres divinos, preparados por Deus e tomados de uma compaixão extra para estarem presentes quando mais precisamos de calor e afeto. Eternamente falarei a respeito desses anjos na minha vida.

Após três meses hospitalizado, tornei-me um paciente muito chato. Confesso que o tédio e a impaciência com a situação provocaram situações desagradáveis. Passei a importunar minha namorada e também os enfermeiros. Queria tomar banho todos os dias, lavar meu cabelo (desde o acidente ainda não haviam lavado), e era necessário tomar laxantes diariamente por causa da prisão intestinal causada pelo comprometimento dos movimentos do meu intestino. Estava com uma sonda para a urina sair em uma bolsa e, muitas vezes, para a retirada das fezes, os enfermeiros, com luvas, posicionavam-me de lado e, com estímulos no ânus e intestinos faziam o trabalho manualmente. Eu me sentia literalmente enfezado. Inúmeras vezes, abarrotado de um mau humor terrível, não conseguia lidar com toda aquela situação e ligava para os enfermeiros, pedindo para que fossem me aliviar. Eles vinham sem nojo, sem preconceitos, com uma disposição imensa. Enquanto cuidavam de mim até brincavam: "Segura aí, amigo, que hoje é chocolate". Meu Deus, como sou grato por esses anjos!

Sei que nada disto é algo prazeroso de se ler. No entanto, é necessário descrever dessa forma para dar ao leitor uma sombra do que foi minha vivência naqueles dias. Não se trata de autocomiseração de forma alguma, pois é um sentimento que renego. Antes busco validar a atividade profissional desses homens e dessas mulheres que, incansavelmente, agem como seres de luz, verdadeiros heróis dentro dos sistemas de saúde espalhados pelo mundo.

Houve uma época em que eu estava desobediente, porque dei um jeito de conseguir um computador com minha namorada. Ela me ajudava a administrar meu negócio de semijoias que ainda mantinha no Japão. A essa altura, tive bastantes escaras na pele, causadas pelo longo período deitado. Eles me viravam, me colocavam de lado com o maior cuidado; porém, permanecer tanto tempo na mesma posição só piorava o quadro. Para me convencer da gravidade, pegaram um celular e tiraram fotos para me mostrar a situação. Eu me assustei e obedeci às orientações médicas. Dia e noite, eles estavam lá. No quinto mês, começaram a me colocar sentado na cadeira de rodas. Confesso que foi a pior sensação de todas até aquele momento, eu estava há tanto tempo vendo apenas o teto, que, quando me sentaram, fiquei tonto e comecei a me sentir muito mal. Eu olhava para a frente, e o horizonte ainda parecia um aclive. Sentia náuseas quando olhava as luzes. Chorando, pedi que me voltassem para a cama, e eles insistiam comigo, dizendo que era necessário forçar cada vez um pouco mais.

Um dia, quando estava na cama, recebi a visita de uma amiga, que quis fazer uma massagem para aliviar um pouco a tensão do momento. Ela falava muito bem japonês e disse aos enfermeiros que uma região específica das minhas pernas estava muito quente. Até então, eu não tinha conhecimento da possibilidade de uma trombose. Tinham se formado dois coágulos na artéria, um em cada lado, não tinha nada a ser feito.

Em outra ocasião, quando estava na cadeira de rodas, pedi ajuda a uma auxiliar de enfermagem para que ela colocasse como apoio uma almofada nas minhas costas, pois a posição me incomodava. Ela colocou, e o trombo subiu para a artéria pulmonar, provocando uma embolia. Senti falta de ar e o coração descontrolado. Se não fosse aquela auxiliar de enfermagem, eu jamais chegaria à sineta para chamar a emergência. Esses anjos são incríveis. A enfermeira fez a ligação para a emergência, e imaginem só quem veio? Minha mãe enfermeira! Nosso Deus, que alívio por saber da competência daquela mulher e a frieza que ela teria para reagir da forma correta. Parecia que ela estava em transe. Não olhava para mim, não se alterava e parecia que sabia o que iria acontecer. Sabia exatamente o que fazer, como um anjo. Ela trouxe o oxigênio e ligou para um médico responsável, que estava no hospital.

O ano era 2008, e os médicos discutiam sobre qual procedimento seria menos perigoso no meu quadro, a maioria queria optar por cateterismo. De repente chegou um médico na sala e, de verdade, eu me lembro dele com muita luz. Aquele homem entrou falando mais alto que todos os outros, pedindo para tirarem as mãos de mim. Mandou que todos ficassem quietos e com um estetoscópio auscultou a artéria em que o trombo estava parado. Em seguida, disse: "Vou tratá-lo com anticoagulante!".

Para os outros médicos, ele estava louco por tomar aquela decisão, porém ele insistiu no que estava fazendo e, aproximando-se dos meus ouvidos, me disse em inglês: "Não se preocupe, sou pós-doutor exatamente nessa área. Então, fique tranquilo. Vou curá-lo apenas com anticoagulante. Se você fizer a cirurgia, vai morrer". O médico me explicou que o tratamento seria demorado, de forma alguma eu deveria me mover ou fazer algum esforço acima da média, caso contrário poderia movimentar aquela trombose, uma bola de sangue coagulado na artéria seria fatal.

Descemos para uma ressonância. Nesse intervalo de tempo, minha irmã, que estava no Japão, tinha acabado de sair com meu cunhado para espairecer um pouco. Quando voltaram, tudo já tinha acontecido. Ela ficou apavorada. Pedi calma e contei a ela sobre mais um anjo na minha vida. Lembro-me agora da sua reação. Ela chegou com os resultados dos exames em mãos, chorando e me pedindo perdão por todas as coisas de que ela se lembrava. Eu sorri e disse: "Está pensando que vou morrer? Não vou, mana!". Ela replicou: "Você tem noção de que seu sangue está passando por um fiozinho?". Respondi: "Sim, eu sei, mas só preciso saber que está passando. Já basta para decidir que não vou morrer! E tem mais, não vou te perdoar, porque se morrer quero ter o prazer de voltar para puxar teu pé". Zoava com ela no meio do choro, mas, realmente, eu nunca aceitei nada menos que a recuperação como possibilidade, nem ao menos nos meus ouvidos.

Suspenderam a alimentação e nos trinta dias seguintes fui nutrido por sonda. Permaneci imóvel. Fiquei com tanto medo de acontecer algo inesperado de novo, que peguei a sineta e dei um nó no meu pulso, para não correr mais riscos. Meu instinto de sobrevivência estava ativado. Percebi uma enfermeira chegando com uma pilha de CD's, perguntei para que eram. Ela sorriu e disse que eu iria precisar da música para passar o tempo de forma mais leve. Compreendem agora minhas razões de gratidão a Deus por cada anjo que ele trouxe ao meu caminho?

Demorei muito para aprender a lidar com as dores. Lembro-me de quando os movimentos dos meus braços começaram a voltar. Doía tanto, que pensei estarem quebrados. Os médicos pediam para eu me acalmar e me explicaram que a dor era sinal de que eles voltariam a funcionar. Por isso, hoje, não me importo com nenhuma dor. Sempre me vem o pensamento: "Isso é bom sinal. Está voltando a funcionar". Recentemente voltei à natação e reclamei com minha cunhada, fisioterapeuta, sobre muitas dores no quadril. Ela confirmou: "Provavelmente porque você está recuperando o molejo dos quadris, Alfredo!". Nossa, como não estar satisfeito? Me diga? Sei que está doendo, mas é por uma causa muito desejada.

Tinha uma amizade muito especial para mim no Japão, Albino Malungo, embaixador de Angola. Depois de ter enviado todos os diplomatas que conhecíamos para me visitar, ele mesmo foi. Chegando lá, me disse: "Alfredo, todo homem de valor na vida passa por uma grande provação! Isso é o que o define. Hoje, está na sua vez, e vai ter de passar por isso. Você pode não perceber, mas sou manco de uma perna, fruto de um ataque ao meu helicóptero. Fiquei abaixo dos corpos quando caímos. Vieram conferir se todos tinham morrido, e me fiz de morto. Quando os terroristas foram embora, consegui ligar, vieram me resgatar, e fui levado para a África do Sul. Fraturei a lombar e estive por seis meses hospitalizado sem andar. Sei, exatamente, o que você está passando". Foi uma oportunidade de respirar ali, ouvindo o testemunho dele.

Todo homem de valor na vida passa por uma grande provação, isso é o que o define.

Depois da minha recuperação da embolia, voltei para o quarto, e os outros doentes vinham me visitar dizendo que pensavam que eu já estaria morto. Foi muito engraçado ouvir os depoimentos daqueles pacientes, cada um mais quebrado que o outro, imaginando minha morte.

Estive por muito tempo com uma máquina injetando, em tempo integral, soro com medicamentos na área da cirurgia, para evitar infecção. No entanto, peguei uma infecção. Perdi um pedaço da bacia, um quadrado de 3x3 centímetros, retirado para inserção na vértebra, mas meu organismo não aceitou. Sorrindo, um dia eu disse para os médicos: "Podem colocar o osso de volta, gente! Ele faz falta na perna, caramba!".

Ao fim do quinto mês no hospital, confesso minha impaciência e confusão sobre o que poderia vir a seguir. Estava recuperado das cirurgias e infecções. Ana, minha ex-namorada, descobriu um hospital próprio para reabilitação bem próximo à nossa casa em Tóquio. Foi quando decidimos lutar pela transferência. Com apoio de alguns amigos, conseguimos organizar a sequência de tratamentos, porém o tempo mínimo para o deslocamento após a cirurgia das vértebras é de oito meses. Ana e eu batalhamos com os médicos, precisei assinar muitos termos de responsabilidade e condições para a transferência.

Ainda não conseguia fazer, sem sonda, a liberação de urina ou fezes. A condição imposta pelos médicos ali era que eu conseguisse ao menos administrar sozinho sem o auxílio da sonda. Foi, para mim, um dos estágios mais desafiadores do tratamento. Não tinha sustentação suficiente no corpo nem mesmo para me manter sentado na maca. O médico me ensinou a passar a sonda do pênis até a bexiga, para que eu pudesse retirar mecanicamente a urina quatro vezes por dia. Observei, segurando-me no meu corpo. Recordo-me de todos os enfermeiros e enfermeiras assistindo ao procedimento. Nesse ponto da saúde de alguém, não se tem mais esse pensamento vergonhoso de algo parecer impróprio, é tudo uma questão de dignidade pela vida humana. Se é a favor da recuperação, que se faça! Esqueça a vergonha da exposição. Existe uma palavra em japonês para motivação, *gambatê*, cujo significado é "força, garra, vai!". Os profissionais, assistindo ao meu esforço, começaram a gritar "*gambatê*!", enviando a energia que precisava para executar aquilo sozinho pela primeira vez. Enfim consegui! E estava autorizada a transferência.

Houve uma cena especialmente delicada e cômica ao mesmo tempo, antes da minha saída, que quero destacar com carinho. Sempre fui muito vaidoso, gostava de me cuidar. Vestia-me com apreço, comia muito bem e namorava bastante também, óbvio. Vivi a intensidade dos meus dias nas emoções abraçadas ao longo dos anos. Já há algum tempo, uma das enfermeiras vinha me ajudando com a inspiração para ativação do órgão sexual. Em um dia específico em que essa enfermeira estava me acompanhando na recuperação da virilidade, consegui ter ereção e, sinceramente, foi um dos melhores momentos de que me lembro dentro de todo esse terror desde o acidente. Sou imensamente grato, porque precisei de auxílio, e ela se dispôs. Para mim, era um fator de extrema importância, tendo certeza de que um dia minha vida poderia voltar à normalidade.

Consigo compreender, lógico, a reação da minha ex-namorada ali no momento da saída, quando aquela enfermeira em específico começou a falar alto, dizendo que ela não poderia me tirar daquele hospital, porque não sabia cuidar de mim. Nossa! Não sabia como reagir, mas confesso que foi revigorante perceber que, mesmo como estava vivendo, poderia provocar afeição, em especial, de uma mulher. Apesar da cena bizarra, de ver Ana irritada, praguejando, não pude evitar os sorrisos, que não eram de zombaria, mas antes de felicidade por assistir ao vislumbre da minha plenitude e virilidade retornando para mim. Enquanto as duas discutiam, pedia para pararem e sorria, pensando: "Deus, sobrevivi a um acidente, uma embolia pulmonar, uma infecção, não me deixe ser alvo de pancada agora!".

Ainda na saída, vi outro enfermeiro que sempre aparecia cheirando à ressaca, e eu dizia para ele: "Poxa vida, mano, que saudades de tomar uma! Pega leve comigo, desse jeito a saudade aumenta". Olhei, e ele estava chorando. Então, eu disse: "Pode me esperar, que volto andando para você me pagar a cerveja que me deve!". Ele sorriu, e nos despedimos.

Reconstrução

Existe algo tão potente no corpo humano capaz de aguçar a sensibilidade quanto a dor? A neurociência tem ganhado força nos últimos anos, e acredito que tal fato se deva ao número nunca antes presenciado de pessoas que deixaram de considerar a dor apenas como algo percebido fisicamente, pois, infelizmente, também se manifesta por consequências socioafetivas somatizadas psicologicamente. Não se pode definir, visivelmente, a intensidade da dor; um diagnóstico clínico ou terapêutico é apenas aproximativo, como é o caso de ressonâncias que expõem conexões sinápticas.

Foram três anos de reabilitação, no melhor centro médico de Tóquio, para conseguir levantar e caminhar, com duas muletas, até a porta do quarto. Para mim, o esforço feito ali era comparado ao de uma maratona. Descobri, durante esse processo de reconstrução da minha vida, que não tem como julgar os estágios de uma dor. A dor existe e é muito real em estágios diversos para cada indivíduo. Porém, posso e devo saber como administrá-la.

A praticidade das coisas no Japão facilitou muito a montagem e organização da rotina de minha reabilitação; porém, o esforço emocional, mental e físico para cada ação evolutiva não poderia, em momento algum, ser excluído desse processo.

Quanto aos primeiros microrresultados em movimentos, ainda na cama, em Shizuoka, lembro-me de dizer ao médico que meus três dedos do pé esquerdo estavam se movendo, e ele insistia que eram espasmos. Poxa! Eu quase desmaiava de tanto esforço mental e físico. Parecia um louco encarando meu pé e dizendo mentalmente para se mexer. Foram trinta dias assim e, enfim, consegui. A partir de então, todos os movimentos a que me propus demandavam concentração descomunal. Em todas as situações, mentalizei as trilhas neurais do meu cérebro e as conexões sendo refeitas, buscando jamais me desconcentrar do que focava. Para mim, era muito mais uma questão de responsabilidade pessoal de cura do que do auxílio mecânico ou humano disponível. Apesar de todos aqueles esforços me fazerem quase desmaiar de dor, nunca pensei em desistir! Fiz da dor uma aliada e posso compartilhar como consegui isso. Tudo depende da nossa percepção em relação à dor. Comecei a notar como a sensação era intensa na região em que os músculos estavam se recuperando, era onde a "mágica estava acontecendo". Decidi assumir a dor como parceira na ativação dos movimentos, e essa mudança de compreensão, transformando-a de inimiga em aliada, fez toda a diferença.

Interessante que, hoje, quando, em um momento de consultoria ou reunião, alguém chega diante de mim para dizer: "Alfredo, estou abandonando o projeto. Cansei e estou desistindo!", minha reação sempre é: "Amigo, para se conquistar alguma coisa na vida é preciso um grande esforço e você já está desistindo na primeira dificuldade?".

As etapas subsequentes de acompanhamento neurológico e fisioterápico, em forma conjunta, aguçaram minha curiosidade a ponto de me fazer estudar e visualizar cada movimento que aqueles músculos do meu corpo e órgãos precisavam voltar a fazer voluntariamente. Então imaginei que, devido ao fato de as conexões de comando do cérebro para o restante do meu corpo estarem prejudicadas pelo acidente, seria eu o responsável por dar ordens diretas a esses órgãos e músculos. Sempre em minha mente a expressão "a palavra tem poder" foi clara. Então, associava o processo de visualização dos movimentos internamente, ou seja, todas essas partes do meu corpo sendo ativadas pelo lado de dentro. E, literalmente, na mentalização dava ordens a eles para que obedecessem. Não me importava com o tempo que duraria essa ação, eu já estava naquela cama. Então, os testes e esforços diários apenas validaram o processo, parte por parte.

A avaliação do progresso nos movimentos era semanal. De costas, os profissionais de saúde balançavam meu corpo, fazendo minha coluna serpentear. Depois, marcavam e fotografavam os locais enrijecidos para a sequência de fisioterapia.

Passei a notar que, com a fisioterapia, poderia retomar a flexibilidade dos nervos e músculos. Porém, seria necessário que minha sensibilidade, responsabilidade das conexões neurais, fosse reativada. Assim, meu próximo nível de mentalização foi dar ordens ao meu cérebro para que ele recriasse as conexões perdidas, trazendo de volta a sensibilidade do corpo.

Eu conversava com meus neurônios. Parecia loucura, mas imaginei que, como funcionava com meu pé e pênis, funcionária com todo o restante.

Minha decisão diária, desde que fui retirado daquele mar, tem sido provar a possibilidade de recuperação, ainda que, segundo a lógica científica, haja apenas 2% de chances de isto ou aquilo acontecer. No fundo do mar, naquele dia, descobri que não existia mais o amanhã para mim a partir dali, a não ser que minha decisão fosse não desistir sem lutar. Era o fundo do poço. Todo ser humano enfrenta, de alguma forma, esse momento, a pressão do fundo do poço. Você jamais irá me ouvir palestrar ou descrever a dor no processo de reconstrução como incomparável. Tenho ciência de que nenhuma dor pode ser comparada, e cada indivíduo tem sua própria vivência de dor. No entanto, é inegável que, para todos nós que decidimos utilizar a dor como impulso, as próximas experiências serão de superação. São ações que vão além do comum. De algum modo, o fundo de um poço de dor pode se tornar o ponto de inflexão da vida humana. Durante a queda, não existe a possibilidade de desistir. Em meio a dor, entre a tentação de renegar a vida e o desejo de aguçar a força vital, percebe-se que a ativação dos músculos é uma tarefa totalmente exaustiva, mas alcançável. Toma-se a decisão de apostar todas as fichas em uma pequena fagulha e, a partir de então, os microrresultados serão os responsáveis por fazer daquela centelha uma chama ardente de novo. E foi assim que decidi reconstruir minhas conexões sensoriais.

À medida que os médicos me movimentavam na cama, as dores aguçavam as partes do meu corpo em que minha sensibilidade estava sendo reativada. Eu me lembro de quando disse aos médicos na reabilitação: "Estou sentindo minha perna prestes a se mexer". O médico que estava me atendendo deu risadas e respondeu: "Para com isso, Alfredo! Isso não é possível". Uma semana depois, minha perna se levantou. Ele olhou para mim com a expressão de espanto e nunca mais duvidou das vezes em que aleguei estar pressentindo movimentos.

Fui muito bem assessorado. O ortopedista fazia uma avaliação mensal e, diariamente, me passavam por triagem, acompanhando e catalogando a evolução do tratamento. Ao me perguntarem o que eu realmente sentia quando percebia que algo estava na iminência de acontecer, descrevo como: entre a vontade de beber água e a sensação de sede saciada está o ato de beber a água. Então, ali havia o desejo de mover a perna e o trabalho de fisioterapia ativando-a mecanicamente, mas faltava uma fagulha de energia e força vital para ativar meus neurotransmissores. E essa faísca, acredito, é produzida por uma energia intencional, utilizando as palavras que declaram vida ou morte. As duas situações são válidas.

Na decisão de voltar a urinar sem uso de sonda, rememorei o desejo de fazer xixi. Criei uma imagem comigo em um bar, bebendo muita cerveja e com a bexiga quase estourando de vontade. Então imaginava cada detalhe, até o abrir do zíper para fazer. Assim o desejo era reconstruído. Havia a urina, a bexiga cheia e o canal para que ela passasse, mas faltava a centelha para ativar os impulsos que conseguiriam reintegrar a mente ao corpo.

Daquela época para hoje, é óbvio, tudo isso se tornou rotina no meu dia a dia. Converso com meus órgãos e membros diariamente. O meu corpo se cura, e me dedico a dar a ele viabilidade para isso no uso aguçado de todos os sentidos. E, pasmem, a prática diária não diminuiu a exaustão. Ainda é muito cansativo. Minha média era sempre de três meses para uma evolução mínima em diversos aspectos, exigindo concentração extrema no desejo e no momento. Aos poucos, venho fazendo novas descobertas. Ultimamente tenho tido certeza de que, todas as vezes que consigo ativar ao máximo a sensibilidade de sentidos no meu corpo para a execução desse processo de reconstrução, ela acontece mais rápido.

Segundo uma pesquisa científica recente, ainda pouco divulgada dentro da neurociência, de autoria da psicóloga estadunidense Elaine Aron, há um fator fisiológico registrado como PAS (Pessoa Altamente Sensível), o qual não se identifica como transtorno ou doença psicológica. É um fator físico e emocional que torna o indivíduo extremamente sensível. Às vezes, a sensibilidade se manifesta na visão (evitando exposição à claridade excessiva), na audição (um ruído quase imperceptível a outros traz incômodo), no tato ou na derme (não suporta certos tecidos ou contato de determinadas texturas), no olfato (percebe cheiros a longas distâncias e não tolera alguns deles) e até mesmo paladar (aguçado a ponto de identificar forma de preparo e ingredientes presentes nos alimentos).

Todas essas circunstâncias não se limitam a sensações físicas.

O fato de fisiologicamente desenvolverem a sensibilidade aguçada torna esses indivíduos também sensíveis a dores emocionais, permitindo-os perceber até mesmo pequenas mudanças de comportamento, características físicas ou expressões dos agentes presentes nos ambientes que convivem. Dessa forma, podem reagir empaticamente ou não. Porém, ao decidirem pela empatia, são capazes de promover neles mesmos o anestésico de suas próprias dores, além de controlar a ansiedade, o autismo moderado ou crises de pânico.

Atualmente, vejo pessoas de diferentes estratos sociais enfrentando as mais variadas dores. Dores camufladas, mas dilacerantes, e nem sempre físicas, com as quais se convive por anos ininterruptos. Os sobreviventes, como denomino a todos nós após a pandemia de Covid-19, terão de lidar com as dores da alma tão habilmente quanto lidamos com o sofrimento físico. Desejo ardentemente que as minhas experiências sirvam de inspiração, criando uma realidade de esperança mesmo em meio à aflição e fazendo dos escombros palácios mentais cheios de vitalidade.

Não existe limite temporal para o estágio letárgico de dor. Uma coisa é certa, há tempo suficiente para retrospectivas e buscas intensas de racionalização e cura, caso a pessoa decida isso.

A reatividade é intrínseca ao ser humano, sobretudo quando o assunto é sobrevivência. Nosso ser naturalmente está aberto para a vida! Por isso, lamento a decisão de milhões de nós que, buscando escapar da dor, desistem por acreditarem ser essa a única opção. Não existe limite temporal para o estágio letárgico de dor. Uma coisa é certa, há tempo suficiente para retrospectivas e buscas intensas de racionalização e cura, caso a pessoa decida isso.

A volta para casa

Meses após o acidente, fui desligado da empresa japonesa. Inclusive, me sugeriram procurar a prefeitura de Tóquio para dar entrada na aposentadoria por INVALIDEZ. Como eu tinha uma reserva considerável, rejeitei a possibilidade e resolvi que iria retomar os movimentos do meu corpo e voltar a trabalhar normalmente, sem um plano B. Também havia decidido regressar ao Brasil assim que conseguisse andar.

Os procedimentos terapêuticos em Tóquio eram excepcionais, por isso não quis arriscar voltar sem uma evolução considerável. Já estava em tratamento há um ano quando um taxista me deu boas referências do hospital, isso me deixou muito tranquilo. Sabia que estava sendo bem cuidado mais uma vez. A partir daí, comecei a notar motoristas particulares, seguranças e pessoas de referência social frequentando o mesmo hospital, confirmando o grau de importância conferido àquele lugar pelo Japão. Era o Hatsudai Hospital.

Porém, como minha evolução no tratamento se tornou mais lenta e menos expressiva, comecei a considerar cada dia mais meu retorno.

Já andando de muletas, eu ministrava consultoria para uma empresa, no quarto andar de um prédio, fazia os atendimentos três vezes por semana. Era 11 de março de 2011, um dia emblemático para todo o Japão. De repente, o maior terremoto da última década. Vi as janelas do prédio se entortarem, tudo caindo das paredes, mal conseguimos ficar de pé.

Duas semanas antes, eu havia assistido a um documentário no qual entrevistaram um sobrevivente japonês, resgatado de um terremoto pelo simples fato de ter conseguido segurar o celular entre seus peitos e fazer uma ligação para o corpo de bombeiros, mesmo com os escombros do prédio em cima dele. Quando me vi na mesma situação, meu senso de sobrevivência me fez agarrar firme meu celular até saber o que aconteceria, pois, nos primeiros instantes, era impossível alguém sair daquele andar.

Em cada mínimo detalhe, pode estar escondida uma mudança, um processo de transformação.

Um terremoto de 9.1 graus na escala Richter. Eu nunca imaginei viver algo parecido. Todos os prédios japoneses construídos após a década de 1980 foram projetados para suportar terremotos de até 7 graus, as estruturas não resistem a proporções maiores que essa. Sentimos o prédio balançando e ouvimos o estalar das estruturas. Foi apavorante, quase dois minutos de muito pânico. Como eu estava de muletas, quando o tremor parou, pedi que todos saíssem do prédio primeiro, pois, por usar as muletas, eu precisava sair por último. Foram os quatro andares de escada mais longos da minha vida. Fui para casa apressado para ver como estava tudo por lá. Lembro-me de dizer para Ana, minha ex-namorada: "Pega os passaportes e os cachorros, vamos para o Brasil agora!". Ao chegarmos à estação de trem, os funcionários disseram que o Japão havia entrado em estado de emergência e nenhum meio de transporte estava autorizado a funcionar. Todos deveriam buscar abrigo seguro nos lugares onde estavam.

A telecomunicação também fica parada nesses casos, porque, mesmo o Japão sendo bem preparado para situações assim, o congestionamento das linhas era inevitável. O país conta com um sistema geral de armazenagem de dados e gravação de comunicados para situações de emergências. Todas as pessoas ligam para uma central de atendimento e, com seu número de celular, registram uma mensagem de voz, notificando sua localização e seu estado de saúde para que as informações estejam disponíveis por meio de uma discagem direta caso alguém precise. De forma rápida e precisa, ao digitar o número de telefone da pessoa que deseja encontrar, a mensagem gravada com os dados sobre data, hora e posicionamento será ouvida.

O governo japonês é suficientemente preparado para contextos emergenciais assim. Contudo, como o instituto de meteorologia previa uma réplica na mesma intensidade ou ainda maior a qualquer momento, cada indivíduo em lugar inadequado era direcionado para locais seguros. Fomos encaminhados para uma praça, construída como abrigo para essas ocasiões. Mas não parava de tremer, foram mais de cem terremotos em sequência, acima de 5.6 graus. Uns três dias de terremotos, um depois do outro. Existe uma lenda popular por lá chamada *Oki Jishin*, segundo a qual, a cada cem anos, Tóquio é destruída por um grande terremoto, e estávamos a mais de dez anos dessa previsão, por isso o medo era generalizado.

Os japoneses não costumam sair de suas residências no caso de terremotos, mas, nesse dia, foram todos para rua. O caos estava instalado, pessoas com rádios nas mãos para ouvir as notícias, alto-falantes nas praças anunciando a cada momento a situação e, ainda assim, não podíamos evitar o pânico. Depois de umas quatro horas ali na praça, o instituto de meteorologia anunciou que poderíamos voltar para casa, mas que os tremores continuariam, sem previsão de uma réplica de um abalo sísmico da magnitude do primeiro. No outro dia pela manhã, soubemos que Tóquio seria uma das poucas cidades que manteriam a telecomunicação via internet. Muitas pessoas me procuravam, na época, pelo Orkut, a rede social mais utilizada para se comunicar com os familiares no Brasil e vice-versa.

Como consequência dos tremores, alguns dos reatores da usina nuclear de Fukushima explodiram, provocando vazamentos de material radioativo; devido a isso, até hoje a região não é mais habitada. Ficamos sob previsão de racionamento de energia elétrica, porém a população economizou energia acima do esperado, não sendo necessário cancelar o fornecimento. Considero esse mais um diferencial da organização social japonesa.

Após esse segundo incidente, a decisão de voltar para o Brasil ficou ainda mais clara, não se brinca com radiação. Mesmo o governo declarando estar tudo sob controle, durante determinado período, por exemplo, toda a água que chegava a Tóquio pelas torneiras foi proibida para consumo e tivemos um limite inclusive de compra de água potável. Era permitido adquirir apenas um litro e meio por pessoa, diariamente. Com todas as estradas e fábricas paradas, os alimentos nas prateleiras dos supermercados também foram se esgotando.

Como havíamos feito uma boa compra, decidi que comeríamos primeiro a comida dos restaurantes e a de casa seria consumida por último. Cotidianamente havia uma surpresa nova. Um dia acordamos e circulava a notícia: "Não comam espinafre! Encontraram um lote contaminado". Então víamos em uma reportagem uma montanha de espinafre sendo queimada.

Se a usina explodisse, o Japão, a China e até mesmo parte da Califórnia ficariam contaminados. Interessante que houve uma comoção nacional para o conserto dessa usina; inclusive, os antigos funcionários, já aposentados, ofereceram-se voluntariamente para o trabalho de reparação dos danos. Segundo eles, após os 60 anos, já estavam no fim da vida de qualquer modo, e o desenvolvimento de um câncer pelo contato com a radiação, por exemplo, não os afetaria tanto quanto aos trabalhadores mais jovens. O governo não aceitou esse voluntariado, apesar de enobrecer os atos de bravura.

Quando procuramos passagens, não havia possibilidade, os informes eram de que para tirar todos os brasileiros do Japão gastariam três anos e meio, eram 380 mil. Além disso, os Estados Unidos haviam comprado 70% dos voos, e os cidadãos americanos tinham prioridade. Dois meses e meio depois, com as empresas completamente paradas e todos os impedimentos possíveis, com a ajuda dos meus contatos, consegui duas passagens para a Flórida, onde minha irmã morava.

Como se poderia prever que Alfredo Tanimoto, um garoto imparável, líder dos bandos, de infância inquieta, com sede de aventura, crescendo no Brasil, assistindo à TV de cabeça para baixo, atirando pedras nas casas abandonadas e procurando adrenalina o tempo todo, viveria experiências assim? Era impensável.

Eu subia em árvores e, conforme meu peso puxava o galho, meus pés tocavam o chão. Era assim que minha mãe me via entrando praticamente todos os dias em casa.

Recordo-me de quando ensinei meus dois irmãos a nadar, em um igarapé próximo de onde vivíamos, em Porto Velho (RO). Éramos apenas nós três ali, e os dois começaram a se afogar. O instinto sempre me fez calcular os riscos muito rápido para resolver situações. Decidi salvar primeiro o que estava mais distante e depois quem estava mais próximo à margem. Fiz a escolha friamente para salvar a vida dos meus irmãos e deu certo. Eu tinha mais ou menos 10 anos de idade. A saída de Tóquio não foi diferente, calculei todos os ônus e os bônus dessa decisão e, mesmo sabendo que recomeçaria quase que do zero mais uma vez, voltar para casa e abraçar meus filhos era meu maior desejo. Não importava o preço. Já havia sinais suficientes me indicando que deveria deixar o Japão.

A oportunidade perfeita para um novo começo

Considero que os terremotos e a usina apenas me impeliram para as decisões necessárias na minha vida naquele momento de reconstrução. Zonas de expulsão são criadas quando uma continuidade evolutiva se torna prioridade em nós, mudamos de endereço, de ambientes, de hábitos e, principalmente, de relacionamentos.

Sou eternamente grato à Ana, minha ex-namorada, por tudo que ela suportou comigo no Japão. Às vezes, eu me deparo com inúmeras situações nas quais ela poderia ter me abandonado à minha própria sorte e não o fez, lidou com firmeza com os muitos resvalos. Estabeleci novas metas para alcançar. Agora o foco seria reestabelecer meus negócios o mais breve possível, ter meu carro, meu apartamento e satisfação nenhuma para dar. Parecia um adolescente recebendo emancipação. Sinceramente, aquele alvará de soltura me trouxe para a vida. Foram anos lidando com inúmeras situações desconfortáveis e desagradáveis, me anulando dentro do relacionamento.

Lembro-me de um dia quando, já com meu carro, tarde da noite, saindo do escritório, uns amigos ligaram de Campinas, dizendo: "Alfredo, estamos reunidos. Vem tomar uma cerveja com a gente!", o ato de responder: "Estou indo!" e ligar a seta contornando a pista para refazer a rota foi automático. Nossa! Que sensação de liberdade extraordinária. Algo tão simples, mas que significou tanto para mim. Comecei a valorizar ainda mais meus relacionamentos pessoais e comerciais. Cada minuto se tornou importantíssimo. Eu estava ali! No começo, parecia um sonho, mas, aos poucos, tudo foi se encaixando. Fui percebendo o que na realidade havia me ocorrido, ganhei uma nova oportunidade de viver plenamente meus dias.

Fora uma vida inteira de trabalho intenso sem desfrutar como eu gostaria, e naquele momento eu olhava para tudo em volta ainda mais agradecido. Era tudo o que eu precisava para ressignificar e sorrir para o que estava por vir.

No começo não foi fácil, minha mãe me ajudava com 1.500 reais todos os meses. Ela se propôs a fazer isso por um ano, até que eu me organizasse, dizia: "Filho, sei como você é esforçado e trabalhador. Tenho certeza de que vai conseguir se reestruturar novamente".

Fui contratado pela Totvs, a maior empresa de softwares no Brasil. Como pessoa jurídica, nos tornamos uma empresa homologada para venda e implantação de software e gestão empresarial. Posteriormente, assumi como Diretor de Contas, sem nenhum tipo de auxílio, com vendas que poderiam demorar um ano inteiro para se concretizar. Eu só precisava de uma oportunidade, e foi o que eu tive ali.

Já no primeiro ano, fui convidado para uma reunião de negócios, próximo à avenida Paulista. Quando cheguei, lembro-me de uma escada gigantesca, e a dificuldade de acesso era imensa, mas jamais aquilo me incomodaria se fosse para a reestruturação dos meus negócios, óbvio. Ali conheci mais um anjo chamado Andrea Petrarca. Ela recomendou que eu conhecesse outro grupo a partir dali e, de verdade, foi uma das melhores coisas que me aconteceu até então.

Participei de toda a dinâmica de apresentação. Ver vários empresários às 6h30 da manhã – horário muito diferente para os padrões brasileiros –, todos bem sérios e disciplinados, com um modelo de negócios à frente do tempo até mesmo para o Japão, distribuídos em 36 países, me saltou aos olhos.

Na época, o valor de adesão ao grupo era de 1.500 reais. Tomei emprestado com minha mãe e mais que depressa entrei na equipe.

Foi amor à primeira vista! Fiquei impressionado com o Business Network International (BNI), um modelo de transição comercial vanguardista. Seu pilar de organização, a filosofia "givers gain", ou seja, ganhos alcançados a partir da contribuição mútua, ressignificou por completo minha visão de negócios. Por esse método, eu não precisaria vagar de cliente em cliente, pois minhas referências já seriam qualificadas.

Meus valores ainda eram capitalistas, mas, participando desse grupo, compreendi que a doação é o segredo de uma colheita satisfatória. Fiquei oito meses sem nenhuma referência, apenas trazendo contatos para a equipe. Logo depois, as coisas fluíram de uma forma maravilhosa. A contribuição se torna um fator crucial de permanência e participação, o mutualismo foi o estopim de que eu precisava.

A doação é o
segredo de uma
colheita satisfatória.

Por ter vivido tantos anos no mundo dos negócios internacionais, os métodos e processos eram parte integrante da minha trajetória profissional. Quando me deparei com o formato adotado por aquele grupo, ainda iniciante no Brasil, pensei: "Se eu tivesse descoberto isso no Japão, minha vida seria outra!". Abracei o projeto com unhas e dentes. Logo no meu primeiro ano, bati todas as metas dentro da Totvs. No segundo ano, estava como Vice-presidente do grupo que pertencia ao BNI e, no terceiro ano, decidi abrir novos núcleos. Formei a equipe BNI Alphaville, Osasco e Granja Viana. Foi o suficiente para tornar meu desejo oficial. Decidi sair da Totvs em 2018 e trabalhar apenas com o BNI.

Após 2018, durante a crise pandêmica, estávamos presentes em mais de oitenta países, e o trabalho on-line intensificou ainda mais a interação internacional. Houve um crescimento exponencial. As interações pessoais faziam falta para todos, mas nos ajustamos para que as empresas dos nossos grupos, atingidas diretamente, tivessem todo o respaldo necessário. Uma em especial, do ramo alimentício, estava prestes a abrir falência. Decidimos cotizar entre nós a compra de marmitas suficientes para manter o negócio em funcionamento. A empresa não só manteve seu faturamento, como se tornou fornecedora de marmitas via IFood e, atualmente, está melhor que antes.

Comecei a compreender os preceitos básicos imprescindíveis em qualquer forma de relacionamento, principalmente pelo que o BNI havia me proporcionado. O fundador sempre dizia: "Vocês não precisam decorar nossos princípios, mas, sim, vivê-los". Se naquela época me perguntassem os valores, não saberia dizer, mas compreendi rapidamente a vivência deles e os trouxe para mim nessa nova etapa.

Estava reaprendendo a caminhar, a dirigir minha vida, meus negócios e também meu corpo, literalmente. Caminhava ainda de forma robótica, porque me preocupava com a impressão dos clientes. As pessoas não percebiam, mas o esforço na minha mente para conseguir andar era gigantesco. Equilibrava-me ao máximo para que ninguém notasse; não queria, em hipótese alguma, vencer por vitimismo, mas, sim, por merecimento. Os sinais de Deus voltaram a me indicar que meu retorno ao Brasil era um tempo de recomeços. Não do zero, porque minhas experiências jamais seriam abandonadas. Porém, eu me vi em uma nova roupagem, alguém com certeza mais bem preparado para desfrutar dos benefícios de uma vida plena.

A bagagem

A princípio, recriar laços com meus filhos foi muito desafiador. Depois de onze anos vivendo longe, eu sabia muito bem que esse tempo perdido jamais voltaria. Os conflitos familiares e culturais foram os principais impeditivos para essa reaproximação. No entanto, eu estava decidido a fazer parte da vida adulta deles. Apesar de estar longe durante as fases de infância e adolescência, agora eu estava ali com eles e para eles.

Os novos relacionamentos a partir do retorno ao Brasil me fizeram estudar bastante sobre pessoas, liderança e neurociência nos negócios.

Certo dia, um cliente me convidara para participar do treinamento Leader Training de inteligência emocional em um hotel em Atibaia. Decidi participar de coração aberto para receber todos os ensinamentos passados ali. Resolvi também pôr à prova esses aprendizados somente depois, evitando que alguma força de racionalidade me atrapalhasse naquele momento de entrega.

O treinamento foi impactante para mim em vários aspectos, sobretudo nas questões relacionadas a liberar perdão. Consegui perdoar meu pai pela rigidez extrema na nossa criação. Perdoei a mãe dos meus filhos por ter me afastado (infelizmente, colocava culpa apenas nela pela distância). Tive ainda a chance de perceber outras coisas que atrapalhavam minha vida, principalmente o fato de não conseguir viver o amor na sua forma natural.

Como sempre, eu me dediquei ao máximo aos treinamentos de inteligência emocional, porque estavam me fazendo muito bem. Inclusive, passei a participar da equipe, das palestras e, enfim, estudar e aplicar programação neurolinguística (PNL) na minha vida.

Sempre fui muito cético em relação a isto: treinamentos, cursos e palestras de *coaches*, até ser adotado por esse ciclo.

Quando não tinha dinheiro para pagar a participação nos eventos, a *coach* responsável, Renata Rebelo, pessoa pela qual tenho imensa gratidão, me mantinha como participante convidado. Desde então, passei a experimentar minha restauração emocional.

Houve um dia especial em que, de fato, me encontrei. Era um treinamento em que fazíamos uma dinâmica chamada "grito primal", com uma música mantra de fundo, tambores tocando e, em um determinado momento, você é induzido a soltar o grito lá de dentro, libertando-se de tudo.

Percebi que estava preso a duas personalidades em mim, o Alfredo antes do acidente e o Alfredo depois do acidente. Decidi romper com tudo aquilo e viver minha própria história, mesclando meu antes e depois, ressignificando toda a minha estrutura para formatação de um ser mais evoluído e autorresponsável. Comecei a chorar, a Renata Rebelo olhou para mim e disse: "Você se reencontrou, né?!".

Ela fez um gesto comigo depois dessa dinâmica do qual nunca me esqueço, me empurrou, saí cambaleando, mas, não caí. Ela disse: "Não se surpreenda, Alfredo, se a partir de agora sua vida financeira der um salto! Isso será seu impulso para a prosperidade e um novo caminho".

Entendi que toda a minha trajetória havia me trazido até aquele presente estágio e que depois de então haveria novos começos, novos desafios e, por consequência, novas conquistas.

O Alfredo Tanimoto anterior ao acidente, vivendo dentro da Xerox, era o executivo que queria conquistar o mundo! Depois daquilo, percebi que poderia ter conquistado o mundo, mas, se minha saúde não estivesse em dia, não valeria muito.

Acompanhar a equipe da Renata naquele período e viver um processo de autoconhecimento e desenvolvimento da minha perspicácia por meio da inteligência emocional me fez ir além. Percebi que, mesmo recuperando minha saúde física, precisava encontrar o ponto de equilíbrio com meu emocional. As liberações do perdão foram, com toda certeza, o pontapé inicial.

Só os de coração
leve poderão
desfrutar
da eternidade
em paz.

Existem duas analogias que fazem muito sentido nesse contexto. A primeira é a da decolagem. Para ser bem-sucedido em seu voo, um avião precisa ter o peso adequado; se, em alguma hipótese, houver carga extra de bagagem, ou mesmo de combustível, o sucesso da decolagem e até a viagem serão comprometidos.

A segunda analogia deriva da minha última viagem ao Egito, vou compartilhá-la aqui.

Decidi visitar o país, não à procura de um passeio tradicional, mas em busca de algo realmente empolgante e enigmático, que me saltasse aos olhos. Antes de adentrar o templo da faraó Hatshepsut, em Luxor, meu guia, chamado Gabriel, outro anjo em minha vida, olhou para mim e perguntou: "Alfredo, você acredita que as pirâmides foram construídas por extraterrestres ou pelos egípcios?".

Prontamente respondi: "Pelos egípcios". E logo complementei: "Deve ter sido uma coisa tão óbvia, que eles nem escreveram nas paredes". Ele replicou: "Sonhei com você há três anos, sonhei que seria guia de uma pessoa muito especial, que mancava da perna direita, e essa pessoa era você. Você fará a melhor excursão possível no Egito, vou te levar aos locais mais diferentes que normalmente os turistas não visitam e te explicar tudo que está escrito nas paredes dos templos e tumbas". Em um dado momento, o guia me orientou a ler a inscrição de uma tumba, ali estava descrita a passagem da vida de um faraó para o mundo dos mortos. Nesse trecho, consegui visualizar o desenho do soberano tendo seu coração pesado por um ser mitológico. De um lado da balança, estava o coração do faraó, do outro, uma pluma. O fator simbólico daquela inscrição me encantou, porque em suma significa que só aqueles cujo coração for tão leve quanto uma pena poderão desfrutar da eternidade em paz.

Este é o sentido: libertar as pessoas dentro de nós, não carregar fardos que irão impedir nossa decolagem, deixar o coração livre para sentimentos puros e benéficos à nossa alma, trazendo, de fato, vida para dentro de nós.

Os três pilares

Nunca me considerei escravo do dinheiro, mas muitas vezes o sistema me fazia pensar ser essa a única coisa atrás da qual compensava correr. No Japão, isso é mais tranquilo, porque a própria organização social, o sistema meritocrático, deixa claro o espaço de cada um. Assim, a volta para o Brasil, junto à necessidade de galgar posições rapidamente, forçou-me a um senso de urgência que provei ser desnecessário logo depois, quando comecei a valorizar o que realmente é importante na vida.

Mesmo com muitas dificuldades financeiras, comecei a ajudar outras pessoas. Por vezes, eu me via investindo meu tempo em solucionar situações alheias, pois era grato por tudo o que estava tendo a chance de desfrutar. Essa gratidão gerava em mim a necessidade de me doar e me fazer uma pessoa útil também. Tive reunião em cima de reunião, ainda sem resultados, mas com imensa estrutura e perspectiva estratégica de crescimento.

Descobri o prazer da entreajuda. Se um time de pessoas estiver disposto a colaborar mutuamente, mesmo que esteja no deserto, mais cedo ou mais tarde, vai prosperar, com certeza. Para mim, o dinheiro é como uma energia divina, precisamos saber lidar com ele.

Decidi trabalhar não pelo retorno financeiro, mas, sim, pelo meu propósito de vida: ser feliz, proporcionando a felicidade aos outros, montando grupos para interação de negócios, *networking*, construção de pontes e de relacionamentos.

A gente se ajuda no aprendizado em conjunto mais do que em qualquer outra coisa. Comecei a desfrutar do significado de viver a abundância, de fato.

Hoje, tenho o prazer de conviver em um ambiente de pessoas fecundas, que se sentem bem ao compartilhar aquilo que possuem. Isso não significa de forma alguma sair por aí dando dinheiro! É revigorante oferecer referenciais relevantes, ver pessoas muitas vezes privadas de algumas oportunidades terem condições de abertura de novos negócios, de posicionamento de produtos etc. Nunca antes havia compreendido a realização pessoal baseada em proporcionar felicidade e resultado para os outros.

Sinto-me realmente preparado para situações das quais outrora tive medo, por exemplo, o reconhecimento pelas palestras e treinamentos que ofereço. Em outro momento ficaria estarrecido, pois sempre imaginei que não saberia lidar com tamanha exposição. Hoje em dia, isso não me afeta, justamente por me conhecer melhor agora e saber que o amor deve prevalecer.

E de que forma de amor estamos falando aqui? O amor pelo que se está executando, um afeto que te desvincula do lucro imediato, do reconhecimento público como fator principal ou ainda da necessidade de aprovação de outras pessoas, principalmente das mais próximas.

Um sentimento que te faz viver acima da média, excluindo as métricas, precisamente porque elas não são capazes de calcular o grau exponencial dos seus retornos. E essas recompensas não são para serem medidas ou justificadas, apenas vividas.

Antes de tudo isso, se alguém me dissesse o que eu viveria, eu duvidaria com certeza. Como eu iria imaginar que o Alfredo Tanimoto um dia desfrutaria de uma nova forma de adrenalina, a adrenalina da transcendência? Exatamente isto: o amor é um sentimento que excede ao ser partilhado. Um fator verdadeiramente milagroso.

Quando compartilhamos nossas experiências, aprendizados ou a materialização de bens e serviços, em uma infinidade de possibilidades e ocasiões, o amor faz milagres, primeiro em nós, depois por nós e, por fim, por meio de nós. Os benefícios de quem oferta são assustadoramente maiores do que os de que recebe. Um detalhe importante: não é possível quantificar os efeitos posteriores a isso, porque esses atos de doação criam zonas de impactos, pessoa após pessoa. A partir da coexistência humana, encontrei sentido na existência.

Nesse processo de reconstrução, tive como princípio basilar o amor. Deus me presenteou com inúmeras parcerias e relacionamentos pessoais que alavancaram minha vida e proporcionaram uma aceleração em formato espiral e crescente.

Minha mãe é meu primeiro exemplo de amor. Ela sempre ensinou esse sentimento para mim e meus irmãos. Muitas vezes, quando chegávamos em casa reclamando de alguém, ela sorria e dizia: "Deixa, filho, é o jeito dele! Ele vai melhorar", sempre com muito amor. Deixou um legado de amor gigantesco. Lembro agora do dia em que ela faleceu. Eu estava a caminho de Orlando para dar uma palestra nos Estados Unidos. No meio do caminho, de repente, vi um avião no céu e comecei a filmar tudo.

Quer saber o que aquele avião escreveu bem ali, diante dos meus olhos? "LOVE". Sim, isso mesmo. Ao receber a notícia da morte da minha mãe, a primeira mulher da minha vida, que me ensinou a amar na prática, Deus me deixou aquele sinal enorme. Eu sorri e disse: "Ah, como eu gostaria de estar em um avião assim, escrevendo essa palavra no céu das maiores cidades do mundo!". Logo depois, voltei ao Brasil para o velório dela.

Na cerimônia, me recordo da minha irmã dizendo sobre nossa mãe: "Minha mãe foi a prova viva de que não era apenas o poder da mente que fazia tudo dar certo nos tratamentos dela, era o amor que ela espalhava e entregava para todas as pessoas. Foi isso que manteve minha mãe até agora". Lembrei imediatamente da mensagem vinda, literalmente, do céu naquele dia.

Então, quando me pego com raiva por qualquer que seja a situação e vou reagir no impulso, sempre respiro e penso na minha mãe. Penso em como ela faria, de que maneira resolveria aquilo. Assim, sempre vem uma resposta cheia de amor.

Acredito que só foi possível desfrutar desse tipo de relacionamento pelo simples fato de o Alfredo Tanimoto também estar diferente. Hoje, olho para mim e sinto orgulho de quem me tornei: minha percepção das circunstâncias, minha consciência da vida e de quem sou diante da imensidão deste universo. Sempre respeitei absurdamente o cosmos; porém, acredito que não conseguia ainda valorizar com intensidade meu próprio eu dentro deste todo. Vejo, hoje, as situações me cercando e fluindo com tanta naturalidade, que não poderia ser de outra maneira.

Não administro absolutamente nada forçado, porque sei que não me levará a lugar algum. Essa é a sutil diferença entre fazer negócios pela sede de poder e ganância, e fazer negócios movido por amor.

Entenda que não estamos falando da ausência da dor, da persistência ou do esforço. Em oposição, o amor nos leva a sofrer a dor de cada etapa do crescimento, a persistir muitas vezes em negócios que outros não validariam jamais, e até mesmo a nos esforçarmos acima da lógica. Por exemplo, nos anos em que passei por cima das dores físicas e escolhi sorrir em todas as reuniões, para que meu sofrimento não se tornasse a pauta principal, percebi que o amor mútuo realiza proezas. Meus negócios passaram a crescer tão espontaneamente, que, para mim, não existe outra explicação aceitável.

Reciprocidade não implica fazer alguma coisa com expectativas de algo em troca. Ao compreender que sou particularmente tão amável – passível de receber amor – quanto todo o restante da natureza, o criador me deu um SIM gigantesco, proporcionando-me desfrutar dos meus resultados com uma leveza inimaginável para o Alfredo de onze anos atrás.

O amor mútuo
realiza proezas.

Certo dia, recebi um convite de um amigo da época do colegial, com o qual surfei muito, apelidado carinhosamente de Digão (Rodrigo Tadeu), mas que eu sempre chamava de Tadeu, da época do colégio. Ele já havia insistido por muitos meses comigo para irmos à praia em seu barco. Só fechei o notebook e disse: "Daqui meia hora, estou te esperando!". Especialmente nessa viagem, ele me ensinou na prática o prazer em partilhar. O Tadeu é assim, sempre teve uma alegria imensa em dividir as suas conquistas com as pessoas.

Naquele dia ele me falou algo marcante: "Tudo isso aqui não é meu, é nosso. Essa casa na praia, o barco, tudo, irmão!". E, com uma voz bem grossa, marca registrada dele, apontando o dedo na minha cara, completou: "É assim que vamos viver daqui para a frente!". Essa frase nunca mais saiu da minha cabeça.

Estávamos no barco, e a maré baixava perto das cinco da manhã. Antes de sairmos, decidimos comprar as coisas para um café da manhã. O sol despontava no horizonte, começaram a surgir diante dos nossos olhos aquelas cores lindas, azul e rosa, finalizando com um dourado perfeito. O Tadeu estava ali, sempre preocupado em manter o barco firme para nos proporcionar a melhor vista e o melhor momento. Tudo aquilo só foi possível por conta da habilidade dele de manter o barco nos lugares certos.

Nesse dia, não me aguentei, depois de chorar bastante com a vista, desci onde ele estava e o abracei, declarando o quanto ele era importante para mim e como eu havia aprendido com ele naquele instante. Como aqueles momentos proporcionados por ele, com tanto amor, me foram preciosos. Esse meu amigo me provou mais uma vez que as coisas não se restringem a um ambiente luxuoso ou aos melhores contratos fechados, mas, antes, dizem respeito à intensidade de amor que se tem na entrega.

Passei a usar a afirmação: "Eu mereço isso na minha vida!". E vem sendo transformador em todos os aspectos, porque talvez a crença de não merecimento estivesse profundamente vinculada aos extremos que vivi, e só hoje eu tenha consciência suficiente para receber os méritos de tantos esforços aos quais me dediquei durante todos esses anos.

Aceitar que o amadurecimento me deixou pontualmente diferente me surpreende desde então. A radicalidade apressada e cheia de sofrimento se esvaiu de mim para dar lugar à intensidade de uma adrenalina em permanente transformação, à aceitação unida a um propósito de vida.

Descobri que o amor na sua forma natural não passa nem perto da inconsequência, porque ele nos faz amadurecer o suficiente para respeitar o outro e também o universo como um todo.

Tenho bastante cuidado com minhas tomadas de decisões, até mais que antes, porque as palavras ditas jamais retornam. Escolho bem minhas palavras, pois sei o poder que elas têm para curar ou ferir pessoas.

Faço a gestão do meu tempo exatamente por valorizar o das outras pessoas tanto quanto o meu. A fim de manter o respeito, procuro respeitar acordos, ainda que nunca estejam em contratos. Os papéis se fizeram estritamente necessários apenas quando o valor da palavra se perdeu culturalmente.

Depois de adotar essa postura em relação a mim e ao universo, pude aceitar de coração e com toda a liberdade a honra de minhas conquistas. Ao constatar os princípios da meritocracia social, compreendi que todas as minhas conquistas derivam de muito esforço e suor, pois sempre honrei meus compromissos e, principalmente, enfrentei os medos e os desafios à medida que surgiram. É óbvio, não fiz nada sozinho, porém, persisti em tudo o que decidi fazer.

Foram inúmeras noites mal dormidas, um desgaste descomunal e realmente desafiador a cada nova etapa.

Mas quer saber o que me levaria a fazer tudo de novo? O prazer de olhar para essa trajetória construída, respirar fundo e me alegrar com a sensação de dever cumprido. Essa sensação só é possível, de verdade, quando o amor prevalece.

O propósito!

Minha decisão de finalmente formalizar a divulgação da minha história com este livro em nada tem relação com lucratividade ou reconhecimento social a primeiro plano, porque nada disso me faria mover um centímetro sequer na minha vida novamente. Ao longo desses onze anos palestrando, no Brasil e no exterior, inúmeras vezes me perguntaram quando o livro aconteceria. Para ser sincero, nunca havia feito tanto sentido para mim como faz agora.

Sempre acreditei na existência do momento certo para as coisas acontecerem. Até mesmo na natureza, tudo tem uma estação própria. Com frequência, deixamos de desfrutar a beleza do outono por sonhar e desejar, aceleradamente, a primavera. Então, a decisão de expor minha história, revelando detalhes da minha trajetória pessoal e profissional, não foi definida ao acaso pelo criador. Disso tenho certeza.

Deus me fez perceber as circunstâncias à minha volta convergindo para isso e me fez me sentir pronto para narrar minhas emoções a quem quer que leia ou aonde quer que chegue este livro. Conheci as pessoas certas para materializar este objetivo, a cada uma delas reservo imensa gratidão.

Tomei conhecimento da minha responsabilidade diante do universo, como é esperado em criações deste tipo. Aceitei que indivíduos curam indivíduos, assim como são capazes de feri-los.

Não consigo deter as informações trazidas aqui, assim como não faço ideia do que podem alcançar. São palavras ao vento, jamais voltarão para mim da mesma forma como as lancei.

Porém, o medo e a insegurança de como elas serão vistas não poderiam jamais me impedir de me expor. Afinal, eu não domino as emoções ou reações das pessoas. O máximo que consigo fazer, com muito esforço, por sinal, é assumir meus próprios sentimentos e atitudes em determinadas circunstâncias.

Não me deixo tomar pela ansiedade e me encho de vida ao imaginar que outro ser humano poderá ser de alguma forma positivamente afetado por esta leitura no Japão e, quem sabe, até se convencer de que desistir da vida não é a melhor das opções.

Tenho esperança e afirmo, com sinceridade, que, se a publicação desta obra provocar apenas uma transformação, uma mudança de rota ou uma mínima fagulha para fortalecer uma mente, para mim já terá valido cada minuto do meu tempo e os valores investidos neste projeto.

Lembro-me de como um progresso se manifestava todas as vezes em que minha mente era tomada pelo medo de regredir, principalmente durante a fisioterapia, quando os *gaps* de evolução eram mínimos e quase imperceptíveis, podendo ser notados de modo singelo apenas com muito tempo de persistência. Um dia, quando estava com muita dor e sem coordenação, sozinho, comecei a chorar. Chorei uns dois dias, deitado na cama, com medo de regredir, até que comecei a falar com Deus: "Poxa, brother, não quero retroceder, mas está doendo muito, e não estou sentindo avanço nenhum. Não estou controlando nada aqui. Me ajuda!".

Nessa época, desafiei meu fisioterapeuta: "Estamos aqui para trabalhar, certo? Então, não quero saber da sua vida, e você não vai saber da minha. Não vamos conversar sobre outro assunto a não ser os exercícios que preciso fazer". Eu me arrastava sozinho todos os dias, forçando os movimentos, saía da cadeira de rodas, me sentava na maca, puxava uma perna, depois a outra, e deitava para o fisioterapeuta fazer os movimentos de reabilitação.

Dias depois de ter estado bem deprimido em casa, fui de novo para a clínica e falei para ele: "Estou sentindo que essa perna vai se levantar sozinha!". Três dias antes, quando eu já havia dito isso, ele disse para eu não ter esperanças para não me frustrar. Foi quando me senti mal. Decidi que voltaria lá e repetiria a mesma coisa. Era o quarto dia, e minha perna se levantou sozinha. O fisioterapeuta tomou um susto! Olhamos um para o outro, eu sorri e disse: "Avisei que sentia dentro de mim que ela se levantaria!". Desde então, passei a estar ainda mais sensível aos sinais no meu próprio corpo. Em cada mínimo detalhe pode estar escondida uma mudança, um processo de transformação.

Ouvimos médicos ou analistas comportamentais dizendo que nosso corpo se comunica, mas, na prática, são pouquíssimos seres humanos que desenvolvem a habilidade de compreender esses sinais. Então, desde o acidente, eu me obrigo a ouvir o meu corpo. Preciso disso a cada dia para manter uma continuidade na evolução. Caso contrário, incorro no risco real de regredir.

De vez em quando, aparecem algumas nuvens no céu que são o suficiente para me doer um nervo, o clima e a pressão atmosférica interferem diretamente na intensidade das dores no meu corpo. Para mim, essa comunicação se tornou algo transcendental, que eu preciso interpretar em cada circunstância.

Por que estou me referindo a isso dessa maneira? Pelo simples fato de reconhecer hoje algo que me passou despercebido durante muitos anos: que meu organismo se comunica com o universo diretamente e, em inúmeras situações, nenhum outro ser humano à minha volta estará vibrando na mesma frequência.

Portanto, não importa o que eu diga ou faça, pessoas com vibrações diferentes da minha não conseguirão compreender o que digo, a não ser que vejam se materializar diante delas determinada forma de energia.

Está tudo certo, já não me incomodo. Apenas me disciplino diariamente para não perder a sensibilidade a esses sinais, mesmo que sejam desconfortáveis, desafiadores ou causem estranheza. Os resultados que tenho tido por não os ignorar são, de longe, melhores que o desconforto do momento.

A partir deles, começo a entender, por exemplo, algo que comi e não fez bem, os efeitos de uma noite mal dormida ou quando existe uma situação emocionalmente não superada. Vai sempre doer em algum lugar.

Nas palestras em que o público parecia desafiador, comecei a perceber um dia antes a contração do meu abdômen, e eu mal conseguia andar. Era só terminar a palestra e sair do ambiente que eu relaxava e ficava aliviado de novo.

Hoje em dia, quando enfrento uma situação semelhante, busco logo na minha mente o que estou fazendo para estar daquela maneira. Às vezes, é uma decisão que deveria ter tomado e não tomei ou um sentimento de despreparo diante de certas circunstâncias. Minha primeira atitude depois de descobrir do que se trata é resolver o problema, assim as coisas fluem com leveza, evitando os desgastes.

Entenda que percepções como essas requerem prática e a resolução pessoal profunda de se apegar a uma esperança.

Sim, sei que parece louco o que estou propondo aqui, mas não pretendo que o leitor se iluda em situações diversas de forma alguma. Antes, espero que minha experiência de vida trazida nesta obra sirva ao menos como uma centelha de fé para os dias em que todos à sua volta digam ou imaginem não ter mais uma saída para você.

Os dias da humanidade estão envoltos em tanta confusão e em tantas distorções de realidade, que, infelizmente, somos privados da contemplação e do prazer de visualizar algo belo. Estamos tão cercados de ruídos o tempo todo, são tantos barulhos, ecos e vozes dentro e fora de nós, que somos privados dos doces, suaves e sinfônicos sons do universo.

Devido ao convívio com inúmeros cheiros intensos, fortes ou desagradáveis ao extremo, nosso olfato se habituou a determinada linha de notas olfativas. Os sabores incorrem na absurda necessidade apressada, porque nunca temos tempo o suficiente para desnudá-los e descobrir ao certo suas raízes.

Por consequência, em resposta, resta ao corpo o grito, pois jamais identificaríamos uma linguagem balbuciada, dita com carinho.

Assim como a esperança insana que nutri até aqui, desejo ardentemente que as faíscas da mesma fé alcancem a todos dela necessitados, a fim de nunca desistirem. De modo algum abra mão de resultado ou crescimento por conta dos 98% de impossibilidades apresentadas com tanta plausibilidade e precisão.

Descobri que a esperança é assim, loucamente vivida por aqueles que decidem mutar as vozes do medo e se aventurar baseados apenas nos sentimentos nutridos no fundo de suas almas. E, por mais que seus corpos pareçam trêmulos, talvez cansados ou frágeis, a enérgica esperança está ali como centelha, não para ser explicada, mas para ser vivida e desfrutada.

Aflijo-me ao imaginar as milhares de pessoas que poderiam viver uma vida plena, mas em nenhum momento conhecerão o significado dessa palavra, pura e simplesmente por não identificarem esse pequeno sinal de fumaça dentro de si.

Almejo que esta obra chegue às mãos do máximo de pessoas possível, precisamente porque desejo espalhar a mesma energia de esperança vivida por mim ao dizer para meu fisioterapeuta o que estava sentindo. Espero de coração que o leitor aperfeiçoe sua sensibilidade a ponto de perceber seus sinais, não apenas identificando cada um, mas reagindo a eles.

Se ao ler este livro você persistir em viver e retomar as rédeas da sua vida, mesmo sob a pressão de expectativas negativas, verei o propósito da minha vida sendo cumprido mais uma vez. Como na reabilitação do corpo, esse trabalho é um processo contínuo e também pode levar muitos anos para se alcançar o êxito esperado. É desafiador, porque é muito difícil ficar cara a cara com a sua própria limitação, ter de olhar para ela e fazer alguma coisa para superar sem nenhum remédio ou receita milagrosa, dependendo apenas de você e do seu instinto de sobrevivência. É algo doloroso, demanda grande empenho e entrega de energia psíquica, mas a esperança multiplicada a seu esforço se faz altamente necessária diante de circunstâncias adversas.

Se hoje eu conseguir te ajudar de algum modo, não será necessário todo o processo. Ah! Com certeza me faria um bem enorme. Fico imaginando como seria se, quando eu estava lá, naquele hospital, chegasse alguém andando, com os resultados que tenho hoje, dizendo para mim que eu não desistisse e sendo para mim uma referência de esperança. Talvez eu não precisasse dos três anos de reabilitação e essa evolução fosse encurtada por ter um referencial ali.

Então, hoje, acredito que, se uma pessoa em dificuldades mantiver a minha história como referência e viver com a esperança consciente de que vai dar certo, será possível transformar a realidade de muitos. Então, tudo terá valido muito a pena para mim. Como um incentivo dado a um alpinista disposto a chegar ao topo, espero que a minha voz seja ouvida: "Não perca a esperança, amigo! Fique firme. Dê mais um passo. Você vai chegar!".

Tenho certeza de que posso contribuir de algum modo, não porque haja uma receita de bolo, de forma alguma. Acredito que as religiões estão aí cumprindo esse papel, oferecendo fórmulas prontas do que se deve ou não fazer. Julgo que não seja assim. Mas sei muito bem que às vezes uma desmotivação ou até mesmo a descrença externa fazem com que uma pessoa desça da montanha e volte para baixo, desistindo de tudo e se sentindo um derrotado.

Após minhas palestras e meus ensinamentos, comecei a perceber, pelos *feedbacks* recebidos, que as pessoas conseguiam extrair força de suas próprias vivências, transformando de fato suas vidas. Quando conto a minha história, só conto minha história, é o que eu fiz e como fiz, perante Deus e o universo, para conseguir chegar até aqui e ter os resultados que tenho. Meu desejo com todas as minhas forças era ter uma vida '"normal" e dignidade novamente.

Mantenho o ritmo dos passos hoje para colher os frutos daquilo que tenho plantado com tanto esforço por todos esses anos. Vou envelhecer, pois o tempo chega para todo ser humano. Por isso, meus resultados visam a uma velhice íntegra, para desfrutar ao lado daqueles que tanto amo e a quem tanto sou grato por serem anjos ao longo da minha jornada.

Se tudo o que já passei puder de algum modo ajudar outras pessoas a jamais desistirem, se essa for a vontade do meu brother, o "'Barbudinho"– como diria um amigo –, então assim será.

Este livro é hoje meu veículo de acesso para ativação da sua força interior. Tenho certeza de que essa força não é um superpoder exclusivo do Alfredo Tanimoto, pelo contrário, está disponível universalmente e em cada indivíduo, em sua forma mais perfeita.

Já me disseram que, quando a dor é muito intensa, o cérebro é capaz de neutralizar o sofrimento. Em certa ocasião, após já ter iniciado o ciclo de conferências contando minha história para inspirar outras pessoas, recebi um vídeo com os depoimentos de um casal, Jamil e sua esposa, Jaqueline. Eles estavam extremamente felizes por fazerem juntos o que amavam, se encontravam em uma serra escutando a música que usei ao fim da palestra.

Nesse dia, não sei explicar como, mas me lembrei de todas as dores que vivi dentro daquele hospital após o acidente. Senti as agulhas, lembrei da primeira unha encravada, da máquina de transfusão, e chorei praticamente a noite toda. Disse a Deus: "Você sabia que eu aguentaria passar por tudo isso, né? E que minha decisão lá dentro do mar, de superar e dar palestras sobre isso, seria real. Gratidão!".

Em hipótese alguma esse resultado seria alcançável para mim se não houvesse fé, independentemente de um modelo religioso. Uma crença vital no poder da vida, sustentada pelo ser humano, que confia na conspiração unânime da natureza como um contínuo crescente, para que tudo se perpetue em harmonia.

Desde meu início no surf, ao meu estilo, sempre me comuniquei com Deus. Era uma conversa informal, não se parecia em nada com a liturgia presente na maioria das religiões que conheço, mas era o meu modo de expressar a gratidão ao criador, por tanta beleza compartilhada ali naqueles momentos dentro do mar.

Para falar com Ele, sempre empreguei o termo "brother", gíria usada por surfistas para designar o seu melhor amigo, aquele cara parceiro mesmo. Então, em geral, quando chegava e saía do mar, olhava para o céu e agradecia: "Brother, poxa, mano, que mar é este? Lindo!". Sempre senti a energia emanando do meu corpo dentro do carro depois disso, os músculos sendo revigorados e a pele, com frequência, arrepiada. Era uma sensação maravilhosa.

Dirigindo, ouvindo uma música à noite, me lembro de várias vezes respirar fundo e fazer esse ritual particular de gratidão. Na sequência, sempre fui presenteado com algum sinal divino, normalmente uma estrela cadente. Então, o sorriso vinha ainda mais forte. Mas, mesmo que não houvessem vestígios, eu sempre tive certeza de estar em diálogo com o criador, e Ele comigo. No dia a dia, quando percebia que me afastava dessa comunicação, quando vinha algum problema, eu sempre dizia: "Brother, não quero ser chato. Sei que já faz um tempo que não te agradeço e não quero lembrar do Senhor apenas nas horas de provação, mas, por favor, me ajuda?". Ele sempre me socorreu.

Por isso, me esforcei ao máximo na vida para me lembrar de agradecer sempre, para depois não ter de pedir desculpas por estar falando com Ele só nos momentos de dor.

A contemplação e a observação do belo sempre impulsionaram a gratidão dentro de mim. Como me fascina poder apreciar tanta perfeição nos detalhes da natureza, nas particularidades que complementam um todo em inúmeros tons e diversidades. Não há como não ser agradecido por isso!

Agradeço os cheiros, não pelos odores em si, mas pela minha capacidade de senti-los, pela minha habilidade de experimentar sabores, vislumbrar estrelas, enfim, tudo o que meus cinco sentidos me propiciam. Em síntese, a prática da contemplação nos dá uma infinidade de motivos para sermos gratos.

Integração total é como pratico minha fé, e me considero um homem bem-sucedido nela. Não consigo me ver sem praticá-la, ela se tornou um vício saudável para minha alma. Sinto uma plenitude tão grande ao respirar fundo e conversar com Deus, que não há como deixar de pensar em cada detalhe da vida ou no todo do universo. Sei que posso não passar de uma poeirinha cósmica dentro desta imensidão, mas não vou me dar ao luxo de passar pela existência sendo um pedacinho de pó ingrato.

Contemplando e exercendo a gratidão, respiro fundo, observo tudo à minha volta e, por mais desafiadora que a situação me pareça, consigo sentir a presença do criador me trazendo energia vital, ativando meus neurônios para evitar confusão no caminho, mantendo a clareza, a paz e a leveza necessárias.

Sou agradecido por absolutamente tudo. Um "muito obrigado" diz respeito a um favor retribuído, mas a gratidão ultrapassa a troca de gentilezas, ela testemunha quem somos, de fato.

Desde o acidente, não tenho mais a experiência maravilhosa de dormir de conchinha, ainda não recupereia sensibilidade da pele. Por acaso isso me faz não agradecer por todos os outros sentidos? De forma alguma! Invento outras formas de abraçar e vivencio novas sensações. Portanto, não se trata de agradecer um favor recebido, mas, sim, perceber o belo em todas as suas manifestações.

Procuro e encontro uma série de maneiras variadas para agradecer. Antes do acidente, eu me considerava sortudo por sempre encontrar vagas em estacionamentos lotados, hoje tenho minha própria vaga para portadores de deficiência. Encaro isso com leveza, porque realmente obrigo meu cérebro a descobrir jeitos novos para agradecer.

Poxa vida, olhem quantas coisas me foram acrescentadas para melhor por conta desse acidente! Eu poderia ser mais uma pessoa comum no meio da multidão, um qualquer correndo freneticamente atrás da efemeridade, como considero que fiz muitas vezes. Mas não, hoje sinto que estou cumprindo uma missão de transformação na Terra.

Não quero nem de longe que este livro seja lido como uma receita de bolo, mas tenho uma fé viva de que posso contribuir de algum modo para a melhoria da qualidade de vida de milhares de pessoas.

Atualmente, percebo tanta gente buscando reconhecimento, sucesso e fama em coisas sem nenhum propósito real; sinto vontade de escrever para elas pedindo que se encontrem de algum modo e deixem de lado as coisas sem sentido. Meu conselho é: busquem um propósito de vida que de fato contribua com as pessoas. Isso, sim, faz sentido.

Encontrar um desígnio não é tarefa fácil, de forma alguma. Sei da dificuldade, principalmente porque podemos nos confundir com inúmeras outras coisas.

Se eu estivesse ainda hoje, como antes, lutando por reconhecimento dentro do mundo empresarial, com certeza teria de fazer algo quase supra-humano para me destacar e, ao fim de tudo, perceberia não passar de superficialidade. Na verdade, isso é uma vida frustrante.

Me pego pensando sobre isso diversas vezes. Se não fosse por esse grande aprendizado que recebi, talvez eu estivesse em uma mansão multimilionária agora, com um carro invejável na garagem, porém, cercado de relações superficiais, escravo do dinheiro e trabalhando absurdamente para manter um estilo de vida aparente que me distanciaria do meu propósito.

Me recuso, caro leitor, a sequer imaginar viver assim!

Se um time de pessoas estiver disposto a colaborar mutuamente, mesmo que esteja no deserto, mais cedo ou mais tarde, vai prosperar, com certeza.

Tudo o que fiz e como fiz, é claro, foi primeiramente por mim, por meu próprio instinto de sobrevivência e paixão pela vida. Mas utilizei tudo ao meu alcance, em suas formas tangíveis e intangíveis, para ser o caso inexplicável para a medicina e um palestrante estimulando outras pessoas a viverem com propósito ainda nesta vida.

Foi minha decisão naquela escuridão no fundo do mar, mesmo sem imaginar o preço a pagar. Hoje, percebo que minhas realizações podem impactar muitos indivíduos, e que meu testemunho pode ser ferramenta de transformação.

Compreendi que, mesmo com toda a minha disposição física, trabalhando incansavelmente, poderia ministrar no máximo quatro palestras por dia, alcançando talvez uma média de cem pessoas por evento, ou seja, quatrocentas diariamente. Mas meu corpo se esgotaria e eu jamais estaria na minha forma plena. Ao buscar um resultado exponencial, por meio deste livro será possível provocar um efeito borboleta, de fato.

Agora tenho clareza da necessidade de cada momento de preparação na minha história, uma elaboração até então ignorada, entendida como aleatória. Mas não! O propósito está muito nítido agora.

Toda a rigidez e disciplina da cultura tradicional japonesa, mesclada à maleabilidade, afetividade e diversão da cultura brasileira, eram necessárias na minha vida para temperar a minha conduta em todos os aspectos, primeiro na família, depois nos negócios e, por fim, em meu posicionamento social.

Tanto o aperfeiçoamento tático de sobrevivência no exército brasileiro quanto a ativação dos meus cinco sentidos para a convivência e sucesso no Japão foram igualmente necessários, e nenhuma dessas peças foi por mim desperdiçada ou descartada.

Quando sofri o impacto do acidente, naquele dia, este pequeno vaso de porcelana se fez em pedaços. Identificando um caco por vez, Deus cuidou de reuni-los novamente, usando os anjos certos para aglutinar cada pedaço com uma resina especial.

De uma coisa estou certo, jamais imaginei que todas as peças se encaixariam tão perfeita e profundamente. A partir da elaboração deste livro, todos os meus cacos espalhados foram reunidos e colados, cada um no seu devido lugar. Fui surpreendido com o fato de que, durante o tempo todo, a resina já estava dentro de mim. Acredite, todos os seres humanos são dotados dela, é uma mistura de três ingredientes perfeitos: fé, esperança e amor.

Ao olhar hoje para esta obra, me identifico com a antiga técnica japonesa de restauração de porcelanato chamada *kintsugi*. Por ela, nenhum fragmento é desperdiçado ou jogado fora, o artesão mistura ouro à resina, dando à peça um novo propósito, uma nova roupagem. Ainda que a peça exponha suas cicatrizes, ela não perde seu valor, que é apenas reconfigurado, demonstrando a destreza do artista.

Nutrido de fé, esperança e muito amor, hoje sou um homem grato em todos os sentidos. Cumprindo um novo desígnio para minha vida, com esta obra espero ter contribuído para encaixar os fragmentos que por ventura tenham se produzido em sua história.

Vamos juntos encarar uma nova trajetória, redefinindo propósitos sem nunca desistir. Lembre-se, sou prova viva de uma coisa: se existir apenas 2% de chances de uma vida plena, é para esses 2% que devemos direcionar o nosso foco!

Álbum

Surfando na Praia Grande de São Paulo

Amo navegar com meu barco - Asturias, Guarujá

Com a minha heroína, minha mãe e minha filha, Marina

Palestra na Livraria Saraiva Alphaville

Beth Misner ▸ Alfredo Tanimoto
9 de novembro de 2018

Great presentation, Alfredo. I salute you with deep respect.

👍❤️ 24   1 comentário

👍 Curtir   💬 Comentar   ↪ Compartilhar

Mensagem da Beth Misner, CEO BNI Foundation

Surfando em Ubatuba

Na piscina na Barra do Una

Palestra no World Trade Center de Dubai, 2018

Palestra no World Trade Center de Dubai, 2018

Com o Dr. Ivan Misner CEO BNI, California, 2015

Celebrando resultados

Quando criança, na sala de casa

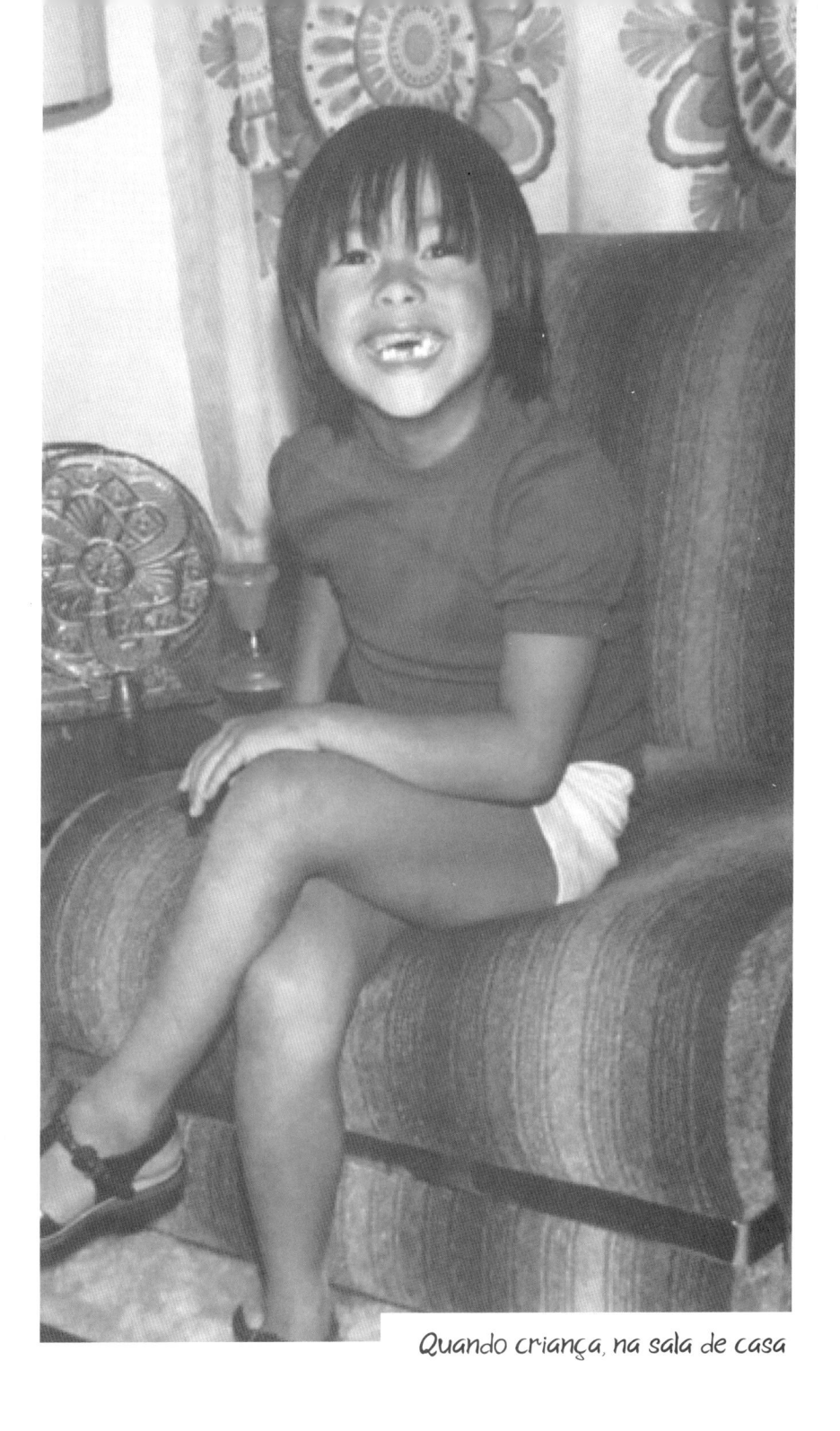

Com meus amigos da faculdade, Marcelão e Kiko

Torre Petronas, Kuala Lumpur, Malásia

Paris, França

Pirâmides no Egito

Londres

Com meu filho, Marcelo e meu neto, Felipe

Aeroporto de
Singapura

Gardens by the Bay,
Singapura

Batu caves, Malásia

Bali

Varsóvia, Polônia

Maldivas

Santorini, Grécia

Tailândia

Com meus sobrinhos, Gisele e Antonio

grupo novo século

Compartilhando propósitos e conectando pessoas
Visite nosso site e fique por dentro dos nossos lançamentos:
www.gruponovoseculo.com.br

‹ns

- facebook/novoseculoeditora
- @novoseculoeditora
- @NovoSeculo
- novo século editora

gruponovoseculo.com.br

Edição: 1ª
Fonte: Cambria